换位思维

谢普 编著

吉林出版集团股份有限公司

版权所有　侵权必究

图书在版编目（CIP）数据

换位思维/谢普编著. -- 长春：吉林出版集团股份有限公司，2024.10. -- ISBN 978-7-5731-5969-4

Ⅰ.C912.11-49

中国国家版本馆 CIP 数据核字第 2024451F2Z 号

HUANWEI SIWEI

换位思维

编　　著：谢　普
出版策划：崔文辉
责任编辑：王　媛
出　　版：吉林出版集团股份有限公司
（长春市福祉大路 5788 号，邮政编码：130118）
发　　行：吉林出版集团译文图书经营有限公司
（http://shop34896900.taobao.com）
电　　话：总编办 0431-81629909　营销部 0431-81629880 / 81629900
印　　刷：天津海德伟业印务有限公司
开　　本：640mm×910mm　1/16
印　　张：10
字　　数：130 千字
版　　次：2024 年 10 月第 1 版
印　　次：2024 年 10 月第 1 次印刷
书　　号：ISBN 978-7-5731-5969-4
定　　价：59.00 元

印装错误请与承印厂联系　　电话：022-29937888

前　言

所谓换位思维，是指我们在与他人互动时，能够站在对方的立场和角度去理解他们的感受、需求和期望。这种思维可以增进人与人之间的互相理解，促进人际关系的和谐，进而实现多方共赢。

换位思维并不是一种天生的能力，需要通过不断练习与反思来培养。它要求我们在每一次互动中，以开放的心态去倾听和观察，从而真正换位到对方的内心世界。这不仅是一种技巧，更是一种态度。此外，换位思维在提倡"我"换到对方位置的同时，也鼓励"我"引导对方换到"我"的位置。这样的换位才是流畅、双赢以及可持续的。

本书通过探讨换位思考的各种方法与技巧，帮助读者在日常生活中更好地运用这一能力。全书共分为十一章，从基础的换位思考概念，到具体的应用技巧，再到如何在家庭和职场中实践换位思考，每一章都结合了丰富的实例与实用的建议，旨在为读者提供全面而深入的指导。

换位思维不仅是我们与他人建立良好关系的桥梁,更是我们走向成功与幸福的关键。希望本书能够帮助读者在日常生活中更好地运用换位思考,建立和谐的人际关系,实现个人与集体的共同成长。

愿每一位读者都能从本书中获得启发,成为换位思考的实践者与受益者。

目录

第一章 因为换位，所以理解 1
9%的冲突是源自没有换位思维 3
转换视角，洞见新的商机 7
经常换位思考，发现世界美好 10
换位思考的难点有哪些 12

第二章 先有共情，才会有交情 15
付出真诚，赢得信任 17
让情感直入人心 20
用人情味引发共鸣 25
把安慰的话说到朋友心坎里 29
勤感谢，多道歉 33

第三章　如何让对方跟你换位 ································ 37
　　清晰地表达你的观点 ·· 39
　　迎合别人的经验及需求 ······································ 42
　　说"我们"的妙处 ·· 45

第四章　怎么换到对方的位置 ································ 47
　　从对方关心的利益出发 ······································ 49
　　通过共情式沟通打动对方 ···································· 54

第五章　巧妙提问，使对方说出心里话 ························ 57
　　提问需要技巧 ·· 59
　　问好问题，收获成功 ·· 63
　　用好开放式提问与封闭式提问 ································ 65

第六章　仔细倾听，读懂对方诉求 ···························· 69
　　倾听是一种涵养 ·· 71
　　听人炫耀时演好配角 ·· 73
　　把倾听当成一种学习 ·· 76

第七章 利他即是利己，给予就是收获 79
己所不欲，勿施于人 81
利人利己最易成功 84
将心比心才能聚拢人心 87
时常自省自己做得怎么样 90

第八章 逢人减寿，遇货添钱 97
参透人性深处的渴望 99
多说YES，少说NO 102
赞美他人要得体 104
言谈之中莫得罪他人 107

第九章 想升职，先跟老板换位思考 111
积极主动与老板沟通 113
不妨把老板当成老师 116

第十章 搞定客户，要站在他人角度看问题 119
站在客户的立场去考虑 121
勾起客户的好奇心 124

不经意中问出潜在需求 …………………………………… 129

请教式提问，满足客户虚荣心 ………………………… 133

用"空椅子"策略实现换位思考 ………………………… 136

第十一章　家庭和睦，就是互相替对方着想 …………… 139

夫妻关系中的换位思维 …………………………………… 141

亲子关系中的换位思维 …………………………………… 144

代际沟通中的换位思考 …………………………………… 149

01

第一章

因为换位,所以理解

9%的冲突是源自没有换位思维

转换视角,洞见新的商机

经常换位思考,发现世界美好

换位思考的难点有哪些

理解万岁，但理解并不容易。当我们拥有换位思维，经常进行换位思考时，我们会更客观、深入地理解对方。相互理解，是人际和谐、事业兴旺与家庭幸福的要素之一。有一句话是这样说的："看一个人的幸福与否，就看他会不会经常进行换位思考。"

第一章　因为换位，所以理解

9%的冲突是源自没有换位思维

在人际交往和各种社交场合中，我们经常会碰到冲突和争执，这些冲突和争执不仅影响心情，还很容易搞僵关系。其实，绝大多数冲突是源自没有换位思维。如果每个人都能够站在对方的角度思考问题，99%的冲突都可以避免，或者可以轻松化解。

有个成语叫"各执一端"，字面上的意思是每个人都死死拿住自己的那一端，引申为各自坚持自己的看法或立场，互不相让。因为每个人都"执"自己那一端，所以难以互相理解，矛盾与冲突由此而生。许多伟大的领导者和思想家，都强调换位的重要性。例如，孔子主张的"己所不欲，勿施于人"就是提倡换位思考。如果我们能够站在他人的角度去看待问题，理解他人的处境和感受，许多矛盾将迎刃而解。

楼下的住户对楼上邻居有很大意见，因为楼上人家有两个

换位思维

读小学的男孩子。两个孩子时而追逐打闹，时而拍皮球，时而跳绳，把地板搞得咚咚响，让楼下一对老人苦不堪言。

老人也不是没交涉过，但是效果不大。往往是说了后的头两天有所好转，之后又依然如故。

站在楼上夫妇的立场，他们也觉得无奈。一是七八岁的男孩子正是调皮好动的时候，很难约束他们的打闹。二是这对夫妇觉得老人有点小题大做，住在老式楼房难免有这些情况。

有天晚上，楼上又开始大闹天宫。这次，男孩子的表哥表弟来了，四人闹得不亦乐乎。老年夫妇忍不住跑到楼上，请楼上的年轻夫妇来自家房子里感受一下。年轻夫妇进门待了几分钟，感觉的确太吵了。原来，在楼上听到的跟在楼下感觉到的并不同。

年轻夫妇上楼后，也没有立刻约束自己的两个孩子，而是先把8岁的大儿子弄到楼下，让他坐在沙发上感受了几分钟。之后，又把小儿子叫下来，让其感受几分钟。

奇怪的是，两个孩子上楼后，安静了很多。

此后，两个孩子偶尔还会忍不住打闹，但有时候小的会提醒大的别闹了会影响楼下的爷爷奶奶，有时候则是大的提醒小的。总之，他们的打闹情况少了一大半。

你看，这就是换位思考后的好处！连两个小男孩，通过换位思考也能体会并顾及他人的感受。

在工作与生活中，我们之所以做不到换位思考，很多时候是因为成见与偏见导致。例如，在家庭中，父母可能因为自己多年的经验，而对孩子的新想法持有怀疑态度，认为这些想法不切实际；而孩子则因为缺乏社会经验，可能认为父母的意见过时，不值得参考。这种成见与偏见让双方无法真正理解对方的观点，从而引发冲突。

此外，情绪与压力也是换位思维的主要障碍。当我们在情绪激动或压力巨大的情况下，很难冷静地思考问题，更别说站在对方的立场上考虑。在这种情况下，我们更容易固执己见，无法看到对方的需求和感受。

要做到换位思考，需要从以下几个角度去下功夫。

1. 先有了解，后有理解

换位思考并不是一件容易的事，它需要我们付出时间和精力去了解对方。只有在了解的基础上，我们才能真正理解对方的观点和感受。

例如，在一个家庭中，父母要理解孩子的想法和行为，就需要多花时间和孩子交流，了解他的兴趣和困扰。反过来，孩子要理解父母的担忧，也需要倾听父母的心声，了解他们的经历和观点。

了解对方的过程，也是我们消除成见和偏见的过程。当我们对对方有了更多的了解，就能更容易理解他们的立场和需求，进而用换位思维来解决冲突。

2. 信任是理解的基础

只有在互相信任的基础上，换位思考才能真正发挥作用。信任不仅让我们更愿意去了解对方，也让我们更容易接受对方的观点和感受。

建立信任并不是一朝一夕的事。我们可以通过一些小事来逐步建立信任，比如在日常生活中多关注对方的需求，及时回应对方的关心和帮助。

第一章 因为换位，所以理解

转换视角，洞见新的商机

在我们的日常工作与生活中，很容易陷入固定的思维模式，习惯于用同一种角度看待问题。这种惯性思维让我们难以突破现有的框架，限制了我们看待问题的角度和深度。例如，当我们在工作中遇到困难时，往往会习惯性地采用过去的方法和经验去解决问题。然而，随着环境的变化和问题的复杂化，原有的方法可能已经不再适用。

这时，不妨试试转换视角，站在不同的角度看待问题，就能看到平时看不到的细节和信息。这不仅有助于我们更全面地理解问题，也能发现新的机会和解决方案。这种换位思维方式，不仅可以帮助我们更好地理解他人，还能拓宽我们的思维边界，提升创造力和解决问题的能力。

在19世纪中叶，美国掀起了几次大规模的淘金热，最著名的

> 换位思维

是1848年的加州淘金热。大量淘金者蜂拥而至,梦想一夜暴富,洛伊斯·克劳斯与利维·施特劳斯也先后加入了淘金大军。

洛伊斯·克劳斯挖了几个月后,并没有什么收获。他突然想到,我为什么不卖淘金者需要的铲子、筛子、锄头等工具呢?这些工具的需求非常大,我卖这个肯定能稳稳当当赚到钱。

利维·施特劳斯的经历跟洛伊斯·克劳斯差不多,不过他卖的是牛仔裤。牛仔裤因其耐用而广受淘金者欢迎,从而奠定了Levi's品牌的基础。

本来想在沙子里淘金,最后视角一变,在淘金者需要的工具、裤子上淘到了金。在工作与生活中,我们如何才能转换视角,洞见新机会呢?

1. 多角度思考

在面对问题时,不妨尝试从不同的角度进行思考。例如,从用户、客户、同事甚至竞争对手的角度来看待问题,找出他们的需求和期望,从而找到更全面的解决方案。

2. 角色扮演

通过角色扮演的方式，亲身体验他人的角色和处境。例如，在设计新产品时，可以尝试模拟用户的使用场景，亲自体验产品的功能和效果，发现潜在的问题和改进空间。

3. 多交流，勤倾听

通过与不同背景和观点的人交流，了解他们的想法和意见。通过倾听他人的声音，我们可以获得新的视角和灵感，打破思维的局限性。

4. 挑战假设

在思考问题时，主动挑战自己的假设和观点。通过质疑和反思，我们可以发现思维中的盲点，找到新的突破口。

› 换位思维

经常换位思考，发现世界美好

朋友老张告诉我，现在他才终于明白老板为什么一个个都那么小气了。老张之所以明白了，是因为不久前他辞职当了老板。在给别人打工时，不少人总喜欢埋怨老板刻薄、不公平；而等到自己真正当了老板时，才知道老板也有老板的难处。

在工作与生活中，很多不平之气其实是源于"各执一端"。你在你的立场上看，老板刻薄得要死；老板站在老板的立场上看，又觉得自己厚道得有点过了。如果你遭受了不公平，不要急着控诉、抗争或苦恼，不妨先进行一下换位思考。

所谓换位思考，指的换个位置，设身处地站在对方的立场来看事情。处于不同位置的人们，对事情都有着不同的看法。员工有员工的立场，老板有老板的立场；丈夫有丈夫的立场，妻子有妻子的立场。立场不同，对同一事物的感受就会不同。例如丈夫不做家务，对于妻子来说也许不公平，但假设站在丈夫的立场，

第一章　因为换位，所以理解

丈夫工作一天累了，回家不想动，似乎也不是什么大的错误。唠叨、啰唆的妻子固然惹丈夫烦，但只要想想妻子在家一天都没有多少人陪她说话，好容易等丈夫下班了有机会多说几句，似乎也在情理之中。

明白了这些，下次在我们感觉受到不公平对待时，当我们为获得所谓的公平而不依不饶时，我们不妨问问自己："如果我是对方会怎么样？"一切也许会因为你立场的变化而改变。

当我们学会并做到换位思考的时候，我们会发现原来生活其实很美好，每一天的心情都是很好的。如果你在生活工作中遇到了什么不开心的事情，先试着换位思考。

其实，换位思考并不是什么深奥的东西，它存在于生活中的每个角落。我们少一点儿任性，别人就多一些轻松；我们少一些刻薄，别人就多一些宽容。

换位思维

换位思考的难点有哪些

换位思考说起来容易，做起来却难。具体来说，在换位思考的过程中，有如下几个"拦路虎"。

1. 自我中心思维

自我中心思维，在儿童早期表现明显。这种思维让个体忽略他人，更关注自己的需求和感受。

儿童在某些阶段很难理解他人的感受和需求，往往只关注自己的需求。这种自我中心的思维需要通过成长和教育逐渐克服。在成人中，自我中心思维可能表现为缺乏同理心，尤其是在压力和冲突情况下，很难以考虑他人的观点和感受。

2. 情感共鸣的障碍

有些人天生对他人的情感反应较弱，或因为经历过创伤性事件，对他人的情感难以产生共鸣。此外，长期的压力和负面情绪可能导致情感麻木，使得个体难以感知和理解他人的情感状态。情感难以共鸣，就无法与他人共情，无法共情又会导致难以换位思考。

3. 文化和背景差异

不同文化、背景、教育水平的人之间存在的理解差异，这种差异可能导致对他人行为和情感的误解。此外，社会阶层和背景的差异也可能导致理解的偏差。

4. 认知偏见和刻板印象

认知偏见和刻板印象是换位思考的重大障碍。人们往往会根据先入为主的印象来判断他人，而不是真正理解对方的处境和观点。例如，性别刻板印象可能导致对女性或男性行为的误解。认为某些行为只属于某个性别，这种偏见阻碍了对真实的理解。

5. 情绪和压力的影响

在情绪低落或压力过大的情况下，人们更容易关注自身的困境，而忽略他人的感受。当个体处于愤怒、悲伤或焦虑等负面情绪中时，往往难以客观地理解他人的情感和需求。此外，高压环境下，个体更容易产生防御性行为，专注于自我保护，而非换位思考和理解他人。

6. 信息的不对称

换位思考需要充分的信息支持，但实际情况下，信息的不对称常常导致误解和偏差。缺乏关于他人背景、经历和情感状态的信息，使得换位思考变得困难。例如，在职场中，上司可能不了解下属的个人困境，从而无法做出恰当的理解和支持。此外，错误或不完整的信息也会导致错误的换位思考。比如，通过第三方渠道获取的片面信息，可能导致对他人情况的误解。

可见，换位思考虽然重要，但确实面临许多难点。我们需要通过提升情感共鸣能力、克服认知偏见、提升沟通能力等方式，逐步提高换位思考的能力，从而更好地理解与被理解。

02

第二章

先有共情，才会有交情

付出真诚，赢得信任

让情感直入人心

用人情味引发共鸣

把安慰的话说到朋友心坎里

勤感谢，多道歉

理性与感性交织在一起，组成了一个完整的人。这个世界最难征服的不是山峰，而是人心。因此，人与人之间先得有了共情，才会有后续的交情。而共情他人的底层逻辑，是换位思维。

第二章　先有共情，才会有交情

付出真诚，赢得信任

1915年，美国石油大王洛克菲勒的儿子小洛克菲勒，在处理一次工人大罢工时，就运用诚恳的演说，获得了工人的信任，从而缓解了矛盾。

在当时，科罗拉多州煤铁公司的矿工为了要求改善待遇，进行大罢工。罢工初期，小洛克菲勒动用军队来镇压工人，结果造成了流血冲突，不仅没有解决问题，反而使罢工的时间更延长下去，也影响了公司的正常生产。

面对这种情况，小洛克菲勒改变了方法，决定用柔和的手段处理矛盾。他深入到员工当中，并亲自到工人家中进行慰问，使双方的情感慢慢地转好起来，让工人看到了他的诚意。以后，他又叫工人们组织代表团，以便与合资方洽商和解。

小洛克菲勒看出了员工们已经慢慢开始信任他了，于是，便对罢工运动的代表们做了一次十分诚恳的演说。就是这一次演说，解决了两年来的罢工风潮。

在演讲中，小洛克菲勒深情地说：

在我有生之年，今天恐怕要算是一个最值得纪念的日子。我十分荣幸能够和诸位认识。如果我们今天的聚会是在两个星期之前，那么，我站在这里就会是一个陌生人了；因为我对于诸位面孔的认识还只是极少数。我有机会到南煤区的各个帐篷里去看了一遍，和诸位代表都做了一次私人的谈话；我看过了诸位的家庭，会见了诸位的妻儿老幼，大家对我都十分客气，完全把我看作自己人一般。

所以，今天我们在这里相见，我们已经不是陌生人而是朋友了。现在，我们不妨本着相互的友谊，共同来讨论一下我们大家的利益，这是使人感到十分高兴的。参加这个会的是厂方的员工代表，承蒙诸位的厚爱，我才能在这里和诸位相见并努力化解一切矛盾，彼此成为好友，这种伟大的友谊，我是一生不会忘掉的。我们大家的事业和前途，从此更是展现了无限的光明。

今天，我虽然是代表着公司方面的董事会，可是，我和诸位并不站在对立的位置，我觉得我们大家都是有着密切的关系和友谊的。我们彼此有关的生活问题，现在我很愿意提出来和大家讨论一下，让我

第二章　先有共情，才会有交情

们一起从长计议，获得一个双方都能兼顾的圆满的解决办法……

小洛克菲勒的演讲，虽没有华丽的辞藻，但话语诚恳，引起了矿工广泛的共鸣，从而获得了员工的信任，员工慢慢地也就接纳了他提出的建议。

在现实生活中，人们总要与周围的人打交道，要想让人真心地接纳你，必须展现你的真诚。当你用得体的话语表达出真诚时，你就赢得了对方的信任，他们就会真心接纳你。

一个业务员对工作产生了怨言，他十分反感和厌恶长期以来用强颜欢笑、编造假话、吹嘘商品等方式招揽顾客的做法。这样的生活让他喘不过气来。为了摆脱这种压力，他决定对人要以诚相待，不对顾客讲假话，要以一颗真诚的心来对待他们，即使被解雇也无所谓。但让他没有想到的是，当他真诚面对顾客的时候，他感觉自己的心情轻松了很多。

一个真诚的人，他们往往会首先为对方着想。当对方觉得你诚实可靠，不会欺骗他时，他就会把你当成朋友，接纳你，信任你。直言不讳，是待人接物很重要的语言技巧。真诚的话语是一笔无形的精神财富，将这笔财富运用在求人办事中，定能收到意想不到的收获。

> 换位思维

让情感直入人心

被道理说服的人,是在"道理"的制约中按照你的想法去做。而被你的情感打动的人,是在"内心"的呼喊中按照你的想法去做。前者是:我必须那样去做,否则就是不讲道理。后者是:我必须那样去做,否则就是没有良心。两者之间没有高低之分,只是技艺不同而已。有的人吃硬(理),有的人吃软(情)。

法国企业家拉蒂艾专程来到印度首都新德里,打算找拉尔将军谈一桩飞机销售的大买卖。

拉蒂艾在新德里几次约拉尔将军洽谈,都没能如愿。最后总算逮着通话机会了,可拉蒂艾只字不提飞机合同的事,只是说:"我将到加尔各答去,并专程到新德里以私人名义来拜访将军阁下,只要10分钟,我就满足了。"拉尔勉强地答应了。

秘书引着拉蒂艾走进将军办公室,板着脸嘱咐说:"将军很忙，请勿多占时间！"拉蒂艾心想，太冷漠，看来生意十有八九要告吹了。

"您好！拉蒂艾先生！"将军出于礼貌伸出了手，想三言两语把客人打发走。

"将军阁下，您好！"拉蒂艾真挚、坦率地说，"我衷心向您表示谢意。"

将军感到莫名其妙。

"因为您给了我一个十分幸运的机会，在我过生日的那一天，终于又回到了自己的出生地。"

"先生！您出生在印度吗？"将军微笑了。

"是的！"拉蒂艾打开了话匣子，"1929年3月4日，我出生在贵国名城加尔各答。当时，我的父亲是法国歇尔公司驻印度代表。印度人是热情好客的，我们全家的生活得到了印度人民很好的照顾。"

拉蒂艾动情地谈了他对童年生活的美好记忆："在我过3岁生日的时候，邻居的一位印度老大妈送我一件可爱的小玩具，我和印度的小朋友一起坐在大象背上，度过了我这一生中最为开心快乐的一天……"

拉尔将军被深深感动了，当即发出邀请说："您能来印度过生

换位思维

日真是太好了,今天我想请您共进午餐,以示对您生日的祝贺。"

汽车在开往餐厅的途中,拉蒂艾打开了公文包,里面是一张颜色已经泛黄的照片。拉蒂艾庄严肃穆地用双手捧着照片,恭恭敬敬地将其展示在将军面前:"将军阁下,您看这个人是谁?"

"这不是圣雄甘地吗?"

"是呀!您再瞧瞧左边那个小孩,那就是我。4岁时,我和父母一起回国,在途中很幸运地和圣雄甘地同乘一艘轮船,这张合影照就是那次在船上拍的。我父亲一直把它当成世上最珍贵的礼物珍藏着。这次,我要去拜谒圣雄甘地的陵墓⋯⋯"

"您对圣雄甘地和印度人民的友好感情,我深表感谢!"拉尔说。

自然,午餐的气氛是极为融洽的。

当拉蒂艾告别将军时,这宗大买卖已经成交了。

试想,如果拉蒂艾一见拉尔将军,就大谈飞机业务,纵使他将道理讲得头头是道,估计也谈不成这笔大买卖。

著名人际沟通专家卡耐基,在他的著作《怎样使你的谈吐更动人》中说:"言传心声,动之以情,是任何消极对立的观点都难以招架的。"为了进一步说明,卡耐基谈到了自己的一次亲身

第二章　先有共情，才会有交情

经历。他曾经应邀担任一所大学举办演讲大赛的评委。参加最后冠军角逐的是6个大学生。其中有5个大学生有过专业系统的演讲训练，但最终冠军被那位从来就没有接触过演讲的学生获得。那个获奖者是来自非洲的祖鲁人，其演讲题目为《非洲对现代文明的贡献》。卡耐基评价这个来自非洲的学生说："他在自己的每一句话里都倾注了深厚的感情。"卡耐基领悟到：理性的光辉有时会令人站在远处难以靠近，感性的语言却可以深入人心、引起共鸣。

美国的麦克阿瑟将军，历来有"刚烈将军"之名。作为将一生献给军营的职业军人，他的身上更多的是铁的规矩与血的躁动。但"刚烈将军"也有柔情一面，在他告别国会大厦的演讲中，他用饱含情感的语言，打动了所有的听众。这篇演讲叫《老兵不死，他们只是慢慢凋零》，限于篇幅，我们摘录其中两段，让读者自己体会"动情"的力量——

当我听到合唱队唱的这些歌曲，我记忆的目光看到第一次世界大战中步履蹒跚的小分队，从湿淋淋的黄昏到细雨蒙蒙的黎明，在透湿的背包的重负下疲惫不堪地行军，沉重的脚踝深深地踏在炮弹轰震过的泥泞路上，与敌人进行你死我活的战斗。他们

> 换位思维

嘴唇发青,浑身污泥,在风雨中战斗着,从家里被赶到敌人面前,许多人还被赶到上帝的审判席上。我不了解他们生得高贵,可我知道他们死得光荣。他们从不犹豫,毫无怨恨,满怀信心,嘴边叨念着继续战斗,直到看到胜利的希望才合上双眼。这一切都是为了它们——责任、荣誉、国家。当我们蹒跚在寻找光明与真理的道路上时,他们一直在流血、挥汗、洒泪。

20年以后,在世界的另一边,他们又面对着黑黝黝肮脏的散兵坑、阴森森恶臭的战壕、湿淋淋污浊的坑道,还有那酷热的火辣辣的阳光、疾风狂暴的倾盆大雨、荒无人烟的丛林小道。他们忍受着与亲人长期分离的痛苦煎熬,热带疾病的猖獗蔓延兵燹地区的恐怖情景。他们坚定果敢的防御,他们迅速准确的攻击,他们不屈不挠的目的,他们全面彻底的胜利——永恒的胜利——永远伴随着他们最后在血泊中的战斗。在战斗中,那些苍白憔悴的人的目光始终庄严地跟随着责任、荣誉、国家的口号。

麦克阿瑟的演讲,让听众们不可抑制地流出了眼泪。事实上,在几十年后的今天,他的演讲依然那么打动人心。这就是共情的力量。

用人情味引发共鸣

人情味是什么？要准确地定义还真不是一件容易的事情。抽象地说：人情味是人类情感互动的一种表现，引起他人情感上的共鸣，或使他人感到温暖。人情味有一种说不出的滋味，是一种意味深长、耐人寻味的情感。

在拥挤的火车上，一位疲惫不堪的妇女，带着一个四五岁的孩子站了很久，也没有人让座。孩子指着坐在旁边的一个小伙子对妈妈说："妈妈，我累了，你跟这位叔叔说说，让我坐一会儿吧。"妈妈轻声地对孩子说："妈妈知道你是一个非常懂事的好孩子，叔叔每天上班也很辛苦，也很累，再坚持一会儿吧。"一番话说得小伙子再也坐不住了，站起来说："小朋友，你来坐吧，叔叔不累。"就这样，小伙子主动让了座。

换位思维

妈妈的话为什么有如此巨大的感染力？原因就在于她的话能站在别人的立场。话不多，情却浓。其所取得的实际效果是很明显的。

俗话说："人非草木，孰能无情？"人情味是以真诚为基础的，不是博爱而是关怀，不是表面的礼貌而是内心的尊重。人情味是一种淡淡的味道，闻了沁人心脾。一个没有人情味的人，如同草木般独自枯荣一世。

美国前总统老布什在1988年与对手杜卡基斯竞选总统时，之所以能战胜强敌，在很大程度上是因为他在辩论中的讲话比他的对手更富有人情味。1988年10月24日，他们两人进行了最后的公开辩论。在这难解难分的最后时刻，在公众面前谁的形象塑造得好，谁就能赢得更多选票。所以老布什和杜卡基斯都对这次公开辩论异常重视，不敢掉以轻心。

当记者问"你是如何对付曾经刻骨铭心的困难"时，杜卡基斯这样回答："1978年，我在竞选麻省民主党州长候选人时落选，我感到十分痛苦。我知道，是我自己造成这次选举的失败，我没有去责备别人。然而，没有痛苦就没有前途，我从中悟出了不少道理——虽然失败了，但失败却丰富了我的人生。有幸的是我有

第二章　先有共情，才会有交情

一个非常幸福的家庭，我想假如你也有同样痛苦的时刻，那么你的家庭将会给你最强有力的全力支持。"

对同一个问题，老布什是这样回答的："我的孩子的死是我迄今生活中最痛苦的时刻。有一天，医生对我们说：'你们的孩子得了白血病。'我问他，这是什么意思。医生告诉我们：'这意味着她就要死了。你们必须决定，如何对她进行治疗。或者让她顺其自然走完这个过程——这样的话，她大约能活三个星期。'假如我们决定，不给她任何医治让其自然死去，那么我们会感到极大的痛苦。然而医治她，却要使这个幼小的孩子承受各种痛苦，我们实在于心不忍。后来，在我那坚强的妻子的帮助下，在温暖和谐的家庭支持下，我增强了信念，很好地处理了这件事。我的女儿又活了六个月。当然，要是在今天，她可能多活好几年。"

老布什虽然说的是自己的事，但能让广泛处于社会各个阶层的父母、子女体会到类似的浓烈的亲情。用现在的话说，就是很"走心"，因而赢得了不少选民的心。两人比较，与布什不相上下的杜卡基斯的形象在选民中急转直下，最后满怀遗憾地落选。由此可见，人情味在社会语言中很重要。人的感情总是可以相通的，只要不是故作多情，无病呻吟，在社交场合与人交谈时，我们就要恰如其分地使自己的话带有人情味，让人觉得你的话像加过糖似的，亲切、甜美而又切实可信。

我们在一开始进入社交场合，就得不断地提醒自己：在整个交谈的过程中，都应带有浓浓的人情味。中国有句俗话，叫"良言一句三冬暖"。

在人际交往中，人情味常以其产生的巨大征服力和凝聚力而备受青睐，给咖啡加点糖，给我们的谈话加点人情味，这样的语言将深得人心，何乐而不为呢！

把安慰的话说到朋友心坎里

每个人在生活中都可能遇到不如意、不顺心的事情，而这个时候，最希望的就是能得到朋友的安慰。同时，我们也要学会安慰别人，学会用适当的语言去化解朋友的痛苦与不幸。当然，安慰也是有一定艺术性的。掌握合理的安慰技巧，你的安慰才能变成"金玉良言"。

那么针对朋友出现的不同问题，怎么安慰才最有效？

1. 安慰病人不妨讲点趣闻

如果你的朋友生病了，你前去医院或家中探望他时，可能会这样安慰他："不要着急，安心休息，很快就会康复的。"你可能觉得这种安慰方式很合适。其实，这样的话至多只能算作是祝福，却不怎么贴心。

事实上，我们所能想到的类似安心休息之类的安慰病人的话，病人早就听得厌烦了。生病期间的生活十分枯燥，你的安慰如果换成外边的趣闻，或者幽默的话题，让他从你的探访中得到一点儿愉快，其实就是给他最大的安慰。他可能不会记住你说的安慰话，但一定会回味你带给他的喜悦。

2. 安慰死者家属时千万不要提及死者

如果死者家属正在为失去亲人而痛不欲生时，你不停地为死者的去世表示惋惜，肯定会引得死者家属更加悲伤。何必为了表示自己的惋惜而重新提及别人的伤心事呢！

就像富兰克林曾说过："我们的友人和我们都像被邀请到一个无限期的欢乐筵席中。因为他较早入席，所以他也会比我们先行离席。我们是不会如此凑巧地同时离席的。但当我们知道我们迟早也要像他一样地离开这筵席，并且一定会知道将在何方可以找到他时，我们为什么对于他的先走一步而感到悲痛呢？"

3. 安慰失意的朋友不妨采用这种"比下有余"的方法

朋友失意之时，不妨采用这种"比下有余"的方式来安慰他，举例说，还有很多不如朋友或者更失意的人，以冲淡他的失意感。不过这并非暗示他应该安于现状、不思进取，而是让失意

第二章　先有共情，才会有交情

者看到自己的优势与长处，振奋精神，让其东山再起。

安慰别人时一定要注意以下三条准则。

第一，留意对方的感受，不要以自己为中心。当你去探访一个遭遇不幸的朋友时，一定要记住自己的目的：你是为了支持他和帮助他摆脱困境，使其快乐起来。所以一定要留意对方的感受，将全部注意力转到朋友身上，而不能只顾自己。

第二，不要决定对方的感觉。安慰别人时，切记不能强硬地告诉别人"你应该觉得……"或"你不应该觉得……"之类的话。

安慰并不是让你帮助他做判断，也不要想着他此时正在受苦，需要帮忙。安慰是给予对方空间去做自己，同时让其认同自己的感觉。我们不需要用"同意"或"反对"表达同情和关心。

第三，一定要告诉对方你的感受。很多人在安慰别人时，不希望别人知道自己当时的感受。其实没必要，你完全可以让他知道你此时的感受。你甚至可以直接说："我现在无法理解你的感觉，也不知道自己该说什么，可我真的很关心你，很希望你好起来。"也许你自己都觉得这种表达方式有些可笑，但你一定要让对方知道。

每个人都会遇到烦心事，你的朋友不开心时，不妨安慰他。

> 换位思维

最糟糕的是你什么都不说,这可能会被误会为你对他漠不关心。你不必说很多,只要能对症下药,一句暖人心的话就能说到对方心里去,有助于朋友心灵上的伤口早日愈合。

勤感谢，多道歉

你是不是更喜欢那些讲礼貌的人？

"早安""不客气""抱歉""欢迎"这些看似平常的词语，能在不经意间赢得他人的好感。其中，有两个词语最为重要，在不同时间、地点，不同对象，都随时随地可使用，时常挂在嘴边还能增进人际关系，那就是"谢谢"和"对不起"！

如何道谢？有两个重点。

第一，就算是小事一桩，也必须表示感谢。如果对方给了你一笔大生意或一次很大的援助，这种时候的"谢谢"，对方不会有太强烈的印象。但是，如果是请对方喝杯茶这种小事，却得到对方一句真诚的"谢谢"，那感受一定会很不一样。这种对小事表达的感谢之意，并非对方事先所期待的，反而更能令人留下强烈的印象。

第二，虽然未曾从别人那里获得任何好处，也要说声谢谢。

当对方仔细聆听自己说的话时,请发自内心地说声"谢谢"。即使是顾客的抱怨电话,在挂断时也要感谢地说:"非常感谢您宝贵的意见。"

不管是谁,其实都希望被人感谢,而且也会对感谢自己的人抱持好感。一般而言,被人认真且正式地表达谢意时,心中往往会自然而然地兴起一股欣悦之感,不管是个性多么强的上司,或是态度非常差劲的顾客,一经别人道谢,心情就算再不愉快,也会按捺下怒气来。

我们在与人交往时,难免会说错话、做错事。人非圣贤,孰能无过?如果我们能及时说声"对不起",真诚地向对方道歉,往往能把大事化小,小事化了。

日常生活中,需要道歉的事情有很多,不小心损坏了别人的重要物品,出言不逊伤了别人的自尊心,打断了别人的谈话,干扰了别人的工作,约会迟到了,公共汽车上踩了人家的脚等,这些都是难免的。问题在于有没有勇气,有没有诚心向对方道歉。真正的道歉不只是认错,而是承认自己的言行给对方带来了伤害或损失。

向别人道歉时,除了要有诚意外,还须讲究一定的技巧和方法,避免不必要的争吵和冲突。那么,怎样向人道歉才能达到预期的目的呢?

1. 立即道歉

时间拖得越久就越难以启齿,有时甚至追悔莫及,所以,在发现自己的过错时,立即向对方说声"对不起",这才是道歉的最佳时机。

2. 采用多种方式表达你的歉意

如果你的道歉一时还未能熄灭对方的怒火,那么不妨想点其他办法,让对方知道你有悔过的诚意。

3. 语气要诚恳,态度要自然

有些人知道自己的过错,也有心向别人道歉,但说话语气让别人听来不诚恳,感觉你很傲慢。诸如冲着别人说:"我说对不起还不行吗?"这样的道歉不仅不能让对方接受,相反还会引起对方的反感。因此说"对不起"时,语气缓慢,使人感觉到你是真心悔过。有时在"对不起""抱歉"前面再加上"实在""太"等表示加强的词语,更能体现你的诚心。

4. 主动承担责任

在道歉时，要主动承担责任，说明引起错误的原因，但绝不能找借口或者把责任推卸给对方，即使自己只有部分责任，也要主动承担。主动为自己的行为承担责任，会鼓励对方也承担属于他自己的那部分责任。

03

第三章

如何让对方跟你换位

清晰地表达你的观点

迎合别人的经验及需求

说"我们"的妙处

对方之所以不理解你,是因为他一直站在自己的角度。这时,你需要邀请对方换到你的位置。但人类习惯从自己的视角出发,忽略他人的感受和想法,夹杂了个人利益,而且有些人共情能力较弱,要对方换到你的位置就更难了。

清晰地表达你的观点

要让对方站在你的立场理解你,很重要的一步是你要清晰、准确地表达自己的观点与想法。如果你不能准确表达你的想法,对方就很难理解你的立场,更不要说站在你的角度思考问题。

妻子对钱非常看重,这不,又在埋怨老张,"怎么8000元工资半个月就没有了,菜都没让你买过啊?"

是啊,8000元也不是一个小数目,怎么半个月就没了?

老张是这么回的:"买了一部手机花了2800元;周末全家去了康西草原,花了1000元;交了采暖费2800元;你妈妈过生日,给她1000元红包,一共花了7600元。400元花在上班的中餐以及其他杂物上,不多吧?老婆你觉得我够节省不?"

妻子一听,二话不说,当场用手机给老张转了1000元。

老张妻子之所以"大方",是因为老张将账算得明明白白,让妻子可以轻易站到他的位置去看待问题。

如何清晰叙述情况并表达自己的观点,需要注意如下几点。

1. 简洁明了

用简洁的语言传达你的观点,避免冗长和复杂的表达。越是简单明了的表述,越容易被对方接受和理解。

2. 逻辑清晰

表达时要有明确的逻辑结构,分清主次,层次分明。这样对方才能顺着你的思路一步一步理解你的观点。

3. 具体实例

通过具体的例子和事实来说明你的观点,会比抽象的概念更具说服力。实例能让对方更直观地理解你的立场。买手机、交采暖费等,都是具体的实例。

4. 情感共鸣

适当地加入情感因素,让对方感受到你的真实感受和态度。

情感共鸣能够拉近彼此的心理距离，增加理解和认同。

如果对方是不太熟悉的人，在表达自己的观点时，则需要考虑更多。

1. 了解对方背景

先了解对方的背景和立场，找出你们之间的共同点和差异点。这样你可以有针对性地调整你的表达方式，更容易让对方接受。

2. 站在对方角度

在表达前，试着站在对方的角度，想象对方可能会有哪些疑虑和反应，并提前准备好相应的解释和回应。

3. 使用对方熟悉的语言

避免使用专业术语和复杂的概念，尽量用对方熟悉的语言来表达你的观点。这样可以降低对方的理解难度，增加沟通效果。

4. 逐步引导

不要一次性抛出所有观点，逐步引导对方进入你的思维框架。通过一步一步解释和举例，让对方跟随你的思路逐渐理解你的立场。

换位思维

迎合别人的经验及需求

换位思维不仅能帮助我们理解他人的感受，还能使我们在各种社交情境中更加得心应手。学会迎合别人的经验和需求，不仅能化解冲突，还能建立更深厚的关系。美国著名编辑肯尼思当年初入报界求职的时候，便是迎合了别人的经验和需求才获得成功的。

18岁的肯尼思只身一人闯纽约，他的第一个目标便是要向一个完全不认识的人求得一个编辑的职位。当时的纽约有成千上万的人失业，而所有的报社都被找工作的人包围着，在这样艰难的时期，他的目标很难实现。然而，肯尼思有一项优势，那就是他曾在一家印刷厂做过几年排字工。

在求职时，肯尼思特意选择了一家报社，因为他了解到这家报社的老板格里莱在少年时也曾像他一样，做过印刷厂的学徒。

第三章 如何让对方跟你换位

因此,他将这个经历写入简历中。在面试时,肯尼思有意无意地提到了当印刷厂学徒时的艰辛,这引起了格里莱对往事的回忆,他同情而又欣赏这个从底层逐步打拼上来的青年。毫无意外地,格里莱录用了肯尼思。

肯尼思之所以能轻易地使老板相信他是值得雇佣的人,除了本身的能力之外,重要的一点是他运用"迎合别人的经验"的策略。他通过共同的经历,让格里莱进行了换位思考。实际上,老板格里莱遇到的是当年的"小格里莱",他怎么可能会不录用"自己"?

石油大王洛克菲勒的儿子是一个聪明的人,在中年时期,一次他曾带了3个孩子出去旅行,不料被许多摄影记者包围住了。他很不愿意把孩子们的照片刊登出来,但是他能当场表示拒绝吗?不!他既不想扫这些摄影记者的兴,又要他们同意不拍摄他的孩子们的照片。

他与他们谈话时,并不把他们当作新闻记者,而是当作他的师长或父辈。他表示他们都是有孩子的家长,将小孩子的照片刊登在报纸上对孩子的成长会产生很多不利的影响。这些记者同意了他的说辞，很客气地走了。最终，他们没有刊登洛克菲勒孩子的照片。

从以上两个案例可以清晰看出，要让对方换到自己位置，自己先得换到对方位置。只有自己先换到对方位置，才能想到邀请对方换到自己位置的方法与途径。至于如何换到对方位置，我们将在下一章谈及，在此不再赘述。

说"我们"的妙处

与人交谈时,把"你""我"变成"我们",实际上就是换位思维。把"你"邀请到一个叫"我们"的战壕,成为与"我"一起同甘共苦的"兄弟"。经常把"我"字摆在前面,会给人留下独断专行、自高自大的印象。如果能把"我"字变成"我们",则显得非常谦虚,说出来的话别人也更愿意听。

一位先生对太太大手大脚很不满,经常劝太太说:"你就不会省一点儿,我现在挣钱很困难,物价还涨得那么快,别的不说,总要为孩子的将来多准备一点儿教育储备金吧。"太太每次听了都不放在心上,有时还会引起争吵。苦恼的先生找到人际沟通专家咨询沟通方法。回家后,他先调整了说话的方式,多说"我们",少说"你"和"我",结果效果非常理想。例如他在劝太太时,会说:"我们最近花钱多了点。"甚至,他的建议"我们应该做一个消费预算清单"最后获得太太的认可。

前后的区别,就是"我""你"与"我们"的区别,前者有指责的意思,后者有共同承担的意思。

小孩通常喜欢说"这是我的""我要……""你不许动我的东西"等,对于小孩子说出这样的话,人们可能不会在意,但如果这些话出自一个大人之口,就很难让人接受了。人们会将这类人归结在自私自利、以我为中心的行列当中,这就相当危险了。究其原因是"我"字惹的祸。

顺便提及的是,很多时候,用"我"来代替"你"的表述也有很好效果。例如,对方做错了事,说"你怎么会犯这样的错呢",不如说"我感到很遗憾"或"我感到很伤心"。如果有人没有遵守承诺,聪明的人从不指责他"你怎么不讲信用",而是说"我很失望"。通过描述自己的心理,让对方换位思考,去感受"我"的心理,从而生出内疚感。

04

第四章

怎么换到对方的位置

从对方关心的利益出发

通过共情式沟通打动对方

换位思维不是单向的,不能只要求别人换到自己位置来理解自己,还应该自己经常换到别人的位置去理解别人。理解万岁,不能只要求别人理解你,互相理解才能融洽。

第四章　怎么换到对方的位置

从对方关心的利益出发

"横看成岭侧成峰，远近高低各不同，不识庐山真面目，只缘身在此山中。"苏轼这首咏庐山的诗揭示了一个深刻的道理：身处其间的人，不通过换位是看不清事物本来面貌的。

人们经常会被情感、欲望以及种种错综复杂的事件蒙蔽了双眼，以致不能明白一些最简单的道理。这时，若有人通过换位思考，找到对方所关心的利益，让对方明白我方是真正地在为他考虑，接下来的事情就会顺畅很多。

人际沟通专家卡耐基曾经租用纽约的一个饭店的会议室来举办讲座，每个季度需要使用20个晚上。但是刚租了一个季度，饭店就通知卡耐基：要求他付出比以前高3倍的租金。此时，讲座正办得红火，广告也已经在很多地方发放了，改换场地损失将是巨大的。看来，饭店也正是掌握了卡耐基生意红火、不愿意改换

> 换位思维

场地的心理，才敢漫天要价。

卡耐基非常不想换场地，同时也极其不想多付房租（特别是一下子涨了几倍）。怎么办呢？

卡耐基冷静下来，站在饭店的角度开始思考……

第二天，卡耐基找到饭店经理，对他说："收到你的通知，我有点吃惊，但是我没有理由怪你，如果我是你的话，我也可能会这么做的。你身为饭店的经理，有责任尽可能增加饭店收入。"接着，卡耐基话锋一转："但是你也有必要考虑一下增加租金后的利和弊。"说完，卡耐基拿出一张白纸，在纸的中间画上一条线，一边写上"利"，一边写上"弊"。

在"利"这边，他写上：会议室空下来。然后他说："当然，你可以把会议室再租给别人开会或者举办讲座，这样你可以增加不少收入。但是你得冒一定的风险，会议室不一定能租出去。"他又拿笔在"弊"这边写："我无法支付你所要求的高额租金，所以，您不仅不能从我这儿增加收入，反而会减少你的收入。这是第一点。还有一个坏处，我的讲座能吸引不少受过教育、水准很高的人到你的饭店来。这对你们饭店是一个很好的宣传，不是吗？事实上，即使你花钱在报纸上做广告，也不一定像我的课程这样吸引这么多人来你的饭店。"卡耐基写完，把纸递给饭店经

第四章 怎么换到对方的位置

理,恳切地说:"我希望您能好好考虑这件事的利和弊,然后告诉我你最后的决定。"

第三天,卡耐基就收到了饭店经理的电话,说租金只涨0.5倍,而不是3倍。卡耐基欣然接受了这个折中结果。

"趋利避害"是人之常理。如果你是饭店经理,相信也会这样选择。但如果你是卡耐基,你会像他那么做吗?

有些人在面对异议或冲突时,心里想的全部是自己的利益,站在自己立场一个劲儿地阐述。例如,周边都是这个价格,凭什么涨租金?或者,看我生意好了就涨租金,太不地道了。更有甚者还会置气、吵架……

在说服别人时,如果只围绕自己的利益讲话,别人会怀疑你的动机,这是一种正常的心理状态。

最好的方式是首先要站在对方的立场上,考虑问题的利害关系,把对对方有利的因素一一陈述出来。这样,对方会认为你是诚心诚意地为他着想,认为你是一个值得信任的人。这时,他的心理防线便会逐渐松弛下来。在这种情况下,就会很容易实现说服目的。

换位思维

公元前630年，晋文公和秦穆公联手进攻郑国，把郑国国都团团围住。瓮中之鳖的郑文公只能求老臣烛之武设法解围。当夜，烛之武趁着天黑叫人用粗绳子把他从城头上吊下去，私下会见秦穆公。

晋文公和秦穆公虽然结成了同盟，但作为春秋时期的两位霸主，他们之间也免不了明争暗斗。烛之武巧妙地利用他们之间的矛盾，对秦穆公说："秦晋联军攻打郑国，郑国怕是保不住了。要是郑国灭亡对您的国家有好处，我就不会为这件事来烦劳您。从地理位置上讲，您的国家和郑国之间还隔着一个晋国，郑国灭亡后您要越过晋国来控制郑国，恐怕是难以做到吧？您灭掉郑国只会加强晋文公的实力。秦晋本来势力相当，这回晋文公实力的加强，就是您实力的削弱。如果您放弃灭亡郑国，作为您东进路上的主人，您的外交使者的来往，郑国可以供给他们资粮馆舍，对您多少有点好处。"

看秦穆公似乎有所动，烛之武继续添了一把柴："再说，晋文公这个人你又不是不知道，他的欲望是很难满足的。您曾经对他有恩，他答应给您焦、瑕两地，可是他早上渡过黄河，晚上就在那里构筑好了防御工事，这事您是知道的。晋文公今日东进灭郑国，他日必然会西上攻秦。您难道忘了晋国假途灭虢的教训了吗？"

第四章　怎么换到对方的位置

秦穆公是一代雄主，一听自然就掂量出轻重了。秦晋两国都是强国，他们结成"秦晋之好"灭郑，都是无利不起早，奔利而去的。可是经烛之武一分析，秦穆公发现在灭郑这场杀戮中，自己非但得不到丝毫好处，还存在极大的隐患，而得到好处的全是晋文公。如果不灭郑的话，秦郑友好，郑做东方道上的主人，秦国便能得到好处。损人不利己的事情，本来就做着没意思，更何况损人兼损己呢？于是，当即顿首称是，遂与郑文公结盟，又派遣杞子、逢孙、杨孙等人在郑国戍守，然后撤军返归。晋文公见失掉同盟国家，也就没有继续进攻郑国。

烛之武站在秦穆公的立场，将"灭郑"对于秦国的利弊说得清清楚楚。只要智商正常的人，听了都会选择不出兵伐郑。春秋战国的顶级说客，归根到底，都是围绕一个"利"字做文章：用利益收获诱惑人，用利益损失威胁人。他们无一例外具备换位思维，擅长通过换位去发现、挖掘对方的利益诉求，然后展开话术。这是他们之所以名垂青史的核心秘诀。

> 换位思维

通过共情式沟通打动对方

共情也称为同理心,指的是一种能深入他人主观世界,了解其感受的能力。共情式对话是一种在沟通中注重理解和共情对方情感的沟通方式。

通过共情对话,我们可以更深入地了解对方的情感和想法,增进理解和信任。这有助于建立更牢固和健康的人际关系。

苹果公司创始人史蒂夫·乔布斯在其职业生涯中,以其出色的共情能力著称。他不仅在产品设计中体现了这一点,还在与员工的沟通中展现了卓越的共情能力。以下是一个关于乔布斯与苹果公司高级副总裁克雷格·费德里吉的真实共情沟通案例。

克雷格·费德里吉在苹果公司任职多年,负责软件工程。他在一次产品开发中遇到了重大的技术挑战,团队士气低落,项目进展缓慢。面对这种情况,乔布斯与费德里吉进行了一次对话。

第四章 怎么换到对方的位置

在对话中，乔布斯并没有立即要求具体的工作进展报告，而是关心费德里吉及其团队的状态。乔布斯问："费德里吉，我知道你和你的团队最近一直在为这个项目努力工作。你们遇到的困难是什么？"

费德里吉感受到乔布斯的关心，开始详细描述团队面临的技术难题和压力，"我们在新系统的核心架构上遇到了瓶颈，这让整个进度变得非常缓慢。团队成员都很沮丧，因为我们看不到解决问题的希望。"

乔布斯倾听了费德里吉的描述，并通过共情来回应："我理解这种感觉。因为在我自己的职业生涯中，我也曾多次面对与你类似的困境。解决这些问题往往需要一些时间和创造性思考。"

之后，乔布斯通过分享自己过去的经历，让费德里吉感受到温暖、理解与支持。他重新燃起了斗志，带领团队日夜攻关，最终克服了技术难题并按时完成了项目。

乔布斯通过共情与下属沟通，不仅帮助其缓解了压力，还增强了团队的士气和创造力。在沟通中，双方都需要表达和接受共情，才能建立信任。以下是双向共情沟通的一些技巧：

换位思维

1. 表达共情

通过言语或非言语的方式，确认对方的情感。例如，"我能感受到你现在很难过"，或者通过点头、眼神交流表示理解。也可以用具体的语言表达你对对方感受的理解。例如，"我理解你为什么会这么生气，因为这件事情确实很让人沮丧。"

2. 接受共情

在对方表达共情时，保持开放和接纳的态度，不要急于反驳或解释。感受到对方的理解和关心，有助于减轻情绪负担。适当地回应对方的共情表达，例如，"谢谢你的理解，这对我很重要。"这种回应不仅加强了沟通，还能让对方感到被重视和认可。

第五章

巧妙提问，使对方说出心里话

提问需要技巧

问好问题，收获成功

用好开放式提问与封闭式提问

对方的心里话，可能会因为各种原因而云山雾罩。有时候是他基于面子不想明说，有时候是表达得不够充分让你误解，有时候是他将关键信息隐藏在其他说辞中让你"迷路"……破解之道在于提问。通过有目的的提问，你可以接收自己想要的信息，从而更加了解与理解对方。

第五章　巧妙提问，使对方说出心里话

提问需要技巧

有人说："多问问题不如巧问问题。"这就是说，要想成为一个"成功的提问者"，就应该勤于思考，提炼出问题的核心，选择最有效的提问方式，再循循善诱、完整无误地将意思传达给他人，这样才能取得最终交谈的成果。

著名的推销专家、犹太人维克多曾出席一个推销培训会。在会上，一位名叫比尔的学员突然问他："维克多博士，你被人们誉为全球最好的业务员，现在我想要你现场演示一下如何向我推销一些东西。"

"你希望我向你推销什么呢？"维克多微笑着说道。

比尔大吃一惊，因为有些人在听到上述话后，会想方设法说一大堆挖空心思的推销话术，而维克多只是提问。

"哦，就给我推销这个桌子吧。"比尔想了一会儿回答说。

> 换位思维

话音刚落,维克多又提出了另一个看起来似乎很天真的问题:"你为什么要买它呢?"

比尔再一次感到吃惊,他看着桌子回答说:"这张桌子看上去很新,外形也美观,而且色彩也很鲜艳。除此之外,最近,我们刚刚搬到新摄影棚,正好需要一张桌子。"

"那么,比尔,你愿意花多少钱买下这个桌子呢?"维克多接着问。

比尔听后似乎显得有点迷惑不解,他说:"我很久没有买过桌子,也不知道价格多少合适。不过,这个桌子这么漂亮,而且还大,我想我会花180美元或200美元买下来。"

听到这句话后,维克多马上接过话题说:"比尔,我现在就以180美元的价格把这个桌子卖给你。"

就这样,维克多的推销就结束了。

故事中维克多的推销演示让人耳目一新,原来推销可以这么做,原来提问有这么大用处!维克多的提问看似漫不经心,实际上都是在问对方的心里话。把心里话问出来,合作就成了一大半。在提问时,需要注意以下几个要点:

1. 简洁明了

提出的问题应当简洁明了。所谓简洁，就是尽量少用复杂的句子。比如，"你能不能给我讲讲你认为这个问题的解决方案。"这个句子就不够简洁明了，不如说："你觉得这个问题该怎么解决？"

2. 一事一问

在一句问话中，最好只问一件事。比如："你能不能告诉我关于这个项目的所有细节，包括预算、时间安排以及可能遇到的困难？"这个问题包含多个问题，会让对方产生混乱。对此，可以将其拆分为几个简单的问题："你能告诉我这个项目的预算情况吗？"等这个问题得到答案后，再问下一个。

3. 问题要具体

提出的问题如果过于宽泛，就很难得到具体的答案。例如，"你能告诉我关于这个项目的一切吗？"这个问题的范围太大，容易让对方不知从何回答。我们可以将其改为更具体的问题，如"你能告诉我这个项目的预算情况吗？"

4. 注意语气和态度

提问时的语气和态度也非常重要。友好、礼貌的提问能够让对方感到尊重和重视,从而更愿意合作和回答。例如,"你为什么总是这么做?"这种问题容易让对方感到被指责。我们可以换一种更中立的方式提问,如"你能解释一下你选择这种方法的原因吗?"

5. 避免假设性问题

有些问题在提问时带有假设,这会让对方感到不自在或误解。例如,"你知道你错在哪里吗?"这个问题假设对方有错,可能引起对方的抵触情绪。

6. 留出思考时间

有时候,对方需要时间来思考问题的答案。因此,我们在提问后可以稍作等待,给对方充分的时间去思考和回答。例如,"你觉得出现这个问题的原因是什么?"之后可以稍微停顿,给对方时间以组织语言。

问好问题，收获成功

有一位业绩斐然的教师，他的许多学生后来都在各自的领域内大有建树，他在总结他数十年成功教学的经验时说道："我的经验可以用一句话概括，那就是持续不断地培养学生善于提问题的能力。"

在他的教学实践中，他的做法是：学习开始时，他总是先让学生全面了解本次学习主题的主要内容，同时提示一句："请把感兴趣的问题画下来。"在学习过程中，他随时提醒学生："把你不明白的问题写在书上或写在纸条上交上来。"学习结束时，他都要追问一句："还有什么值得深究的问题吗？"

可见，善于提出一个好问题，是获取收获的关键。

有人问诺贝尔物理学奖获得者伊西多·拉比是怎么成为科学家的。拉比回答说，每天在他放学之后，他的妈妈总要和他谈些有关学校生活的事情。其实，她对他所学的东西并不怎么感兴趣，但她总是问："今天你问了一个好问题没有？"

换位思维

"问好问题,我才成了一个科学家。"拉比总结道。

美国著名的汽车之父福特,最初只生产两个缸的汽车。有一天,福特告诉所有科研人员,他说:"现在我要让你们研究生产四个缸的汽车。"科研人员听了说:"不可能生产。""不管可能不可能,你们给我研究就是了。"

研究了一年,科研人员说:"报告老板,四个缸的汽车是不可能生产的。"福特气恼地说:"你们这些蠢货,让你们研究,你们就继续研究,明年我要的还是四个缸汽车。"这些人只好听话照做。

到第二年底,他们又说:"报告老板,四个缸汽车确实是不可能生产出来的。"当时,福特大发雷霆,说:"明年再研制不出四个缸汽车,就把你们炒掉!"

没想到第三个年头不到半年,四个缸汽车就研制出来了。后来,他问:"不是不可能吗?为什么这半年就研制出来了?"有个组长说:"报告老板,在原来的意识中,我们不相信会产生四个缸的汽车。可是这半年,我们每个人都问自己一个问题,我们如何才能生产四个缸的汽车?"

当我们学会了用不断地提出一个高质量的好问题这种思考方法的时候,我们便给自己铺好了一条通向成功的路。无疑,学会问"好问题"能让我们的人生收获成功。

用好开放式提问与封闭式提问

在探寻他人心理时,开放式提问与封闭式提问是两种非常有效的沟通工具。掌握并灵活运用这两种提问方式,可以帮助我们更深入地理解他人的感受和想法,从而进行更加有效的沟通。

开放式提问是指那些不能用简单的"是"或"否"来回答的问题。它们鼓励被问者进行详细解释和描述。例如,"最近的员工流失率有点大,你有什么办法缓解吗?""国庆节我们去哪里旅游?"

通过开放式提问,我们可以获得更丰富的信息,了解对方的想法、感受和经验。

封闭式提问是那些可以用"是"或"否"("要"或"不要""行"或"不行"等)来回答的问题,或者只需要简短回答的问题。例如,"最近员工流失率有点大,我们是不是适度提升一下工资?""国庆节我们去北京旅游好吗?"

> 换位思维

封闭式提问有助于快速获取具体信息，确认某些事实或选择。在需要明确具体答案时，这种提问方式非常有效。

1. 如何用好开放式提问

（1）鼓励详细表述

例如，当朋友感到困扰时，你可以问："你能告诉我遇到什么糟糕的事吗？"而不是简单地问："你还好吗？"

这种提问方式能鼓励对方详细描述情况，从而获得更深入的理解。

（2）引导分享看法而不是感受

例如，在讨论一个项目时，可以问同事："你对这个方案有什么看法？"而不是问："你喜欢这个方案吗？"

通过开放式提问，对方会更愿意分享自己的真实想法和感受，促进更有效的沟通。

（3）探索原因和动机

例如，孩子在学校表现不佳，可以问："你觉得最近在学校遇到了哪些困难？"而不是问："你为什么没考好？"

这种提问方式帮助孩子反思问题的原因，并能促使他表达他的困惑和需求。

2. 如何用好封闭式提问

（1）获取具体信息

例如，在安排周末活动时，可以问："你这个周末有空吗？"而不是问："你最近有空吗？"

封闭式提问可以快速确定具体信息，便于做出安排和决策。

（2）确认事实

例如，在开会时，可以问："你已经完成了上周的报告吗？"而不是问："你的报告进展如何？"

这种提问方式有助于确认具体事实，确保任务的完成情况。

（3）提供选择

例如，匆匆下班的妈妈在做晚餐前，可以问孩子："晚餐吃韭菜馅饺子还是鸡蛋馅饺子？"而不是问："你今晚想吃什么？"

通过提供有限的选择，可以快速做出决定，减少无谓的讨论。

3. 结合使用开放式提问与封闭式提问

（1）先开放再封闭

例如，在与客户讨论需求时，先问："你能描述一下你对这次

换位思维

项目的期望吗?"(开放式提问)。然后问:"你希望项目在月底前完成吗?"(封闭式提问)。

这种提问顺序可以先获取广泛的信息,再逐步聚焦和确认具体细节。

(2)先封闭再开放

例如,在家长与孩子的对话中,家长先问:"今天在学校有没有发生什么特别的事情?"(封闭式提问)。然后问:"你觉得今天最有趣的课是什么?为什么?"(开放式提问)。

这种提问顺序可以先确认某个事实或现象,再深入了解具体的感受和想法。

(3)动态调整

例如,在团队讨论中,可以视情况调整提问方式。当需要明确任务时,用封闭式提问:"这个任务你能在两天内完成吗?"而在探讨创意时,用开放式提问:"你认为我们如何改进这个方案?"

根据对话的不同阶段和需求,灵活调整提问方式,可以提高沟通的效率和效果。

在探寻他人心理时,开放式提问与封闭式提问各有优势。通过灵活运用这两种提问方式,我们可以更全面地了解对方的感受和需求,有利于进一步换位思考。

06

第六章

仔细倾听，读懂对方诉求

倾听是一种涵养

听人炫耀时演好配角

把倾听当成一种学习

采用换位思维要求了解对方。而没有倾听，就没有了解。此外，倾听还是一种出于对讲话者尊重的礼貌。你在尊重他人的同时，也会得到他人的尊重。元代郑廷玉在戏剧《楚昭公》中写道："请大王试说一遍，容小官洗耳恭听。"听别人说话，要洗干净耳朵以示恭敬。

倾听是一种涵养

卡耐基说:"专心地注意与你说话的人,是非常重要的,再也没有比这么做更具有赞美的效果了。"

倾听是在任何时候我们都要做的一件事情。我们听音乐,我们听新闻,我们听我们的父母、孩子、同事、上司、顾客、朋友的说话……我们一生都在倾听。

美国一位学者认为:缺乏倾听的技巧以及沟通的失败,是导致个人事业上的时间浪费、计划受挫和行动失败的重要因素。

现代人大都有表现欲,希望自己受人欢迎,也希望别人能了解自己。因此,不少人都想方设法来训练自己的口才,让自己能言善道,成为雄辩的顶尖高手。这都是"会说话才能使沟通顺畅圆满"的心理所造成的。

以开会来说,无论是公司会议或公众会议,纵然主持人擅长说话技巧,但如果从头到尾都是他一人发表意见,那么这会议充其量只是报告会。只有出席者也发言，提出具有建设性的问题或意见，才能达到会议的沟通目的。"说"与"听"是沟通中不可或缺的条件，而这两者相互平衡，才会产生理想的沟通。

由此可见，与其强求自己成为很会说话的人，不如先成为能倾听的人，如此有助于沟通。

环顾四周的人可以发现，精通说话艺术的人，也都了解听人说话的重要，由于他们不断吸收别人的话题，于是更丰富了自己的话题。相反，那些言语乏味的人，大都是从不听人说话的人，不但如此，反会炫耀自己或批评别人。

听人炫耀时演好配角

喜欢提及曾经的光荣,是一般人的心理。如果有人兴致勃勃地听,并且适度附和夸赞,他们会跟你一见如故。反之,如果被人质疑、反驳与打击,他们很容易恼羞成怒。

在与人沟通时,如果利用这种心理,让对方滔滔不绝地过足"嘴瘾",能迅速拉近两人之间的距离。例如在洽谈生意时,不妨让对方畅谈自己的嗜好,而你则拼命点头称是,表现出敬佩的样子,在对方获得心满意足后,自然可让宾主尽欢。

老王是某公司的职员,他的上司是个马拉松爱好者,之前经常自费去全国参加马拉松长跑。最近几年,上司因为工作繁忙以及中年发福,已经不参加马拉松了。

在上司办公室的书架上,摆着各种马拉松奖牌与纪念品。每次闲聊,老王总喜欢问上司一些关于马拉松的知识。上司的话匣

> 换位思维

子就此打开，滔滔不绝地说自己当年是如何厉害。他会拿出奖牌，跟老王细说这块奖牌后面的故事。老王这时候负责当忠实听众，偶尔"捧捧哏"。

每次聊完，上司都神清气爽，老王也因此深受上司喜欢。

除了要专心倾听别人在现实生活中的光荣外，还要专心倾听别人在未来的梦想。光荣与梦想，是人最在意的两件事。

张勇在平时经常描绘自己退休后的样子：存一笔钱，到云南丽江买个院子，栽花、养马、劈柴、发呆，过无拘无束的生活。原来，去丽江生活是他多年的梦想。他去过几次，非常留恋那里的山水草木。去那里定居是他十几年来的梦想。只要谈到这个梦想，他的眼睛就熠熠发光，与平日指挥工作的样子截然不同，仿佛少年一般天真可爱。

有一次，他和以前一样在谈梦想时，有一个新朋友打断话题："丽江有什么好，都是自我营造的假象，真去那里待上几个月会度日如年。"

张勇听了脸色大变，露出可怕的眼神，结果两人发生了冲突。对他来说，他绝对无法原谅嘲笑自己梦想的人。

第六章 仔细倾听，读懂对方诉求

梦想与光荣一样，神圣不可侵犯，没有任何东西能替代。平时忙于工作，而这梦想犹如强心剂，可为生活带来无比的希望，鼓励自己勇往直前。因此，对于别人的光荣与梦想，我们在倾听时要怀着专心与虔诚的态度。

> 换位思维

把倾听当成一种学习

不管你的口才有多好,你的话有多精彩,也要注意听听别人说些什么,看看别人有些什么反应。俗话说得好:"会说的不如会听的。"也就是说:只有会听,才能真正会说;只有会听,才能更好地了解对方,促成有效的交流。尤其是和有真才实学的人一起交谈更要多听,不仅要多听,还要会听。所谓"听君一席话,胜读十年书",大概也正是这个意思吧。

那么,是不是我们什么都不说,只一味地去听呢?当然不是。假如一句话都不说,别人会认为你对谈话一点儿兴趣都没有。这样会使对方觉得尴尬、扫兴,不愿再说下去。到底是多说好,还是少说好呢?这就要看交谈的内容和需要了。如果你的话有用,对方也感兴趣,当然可以多说;倘若你的话没有什么实质内容和作用,还是少说为佳。即使你对某个话题颇有兴趣和见解,也不要滔滔不绝,没完没了,更不要打断别人,抢话争讲,

第六章 仔细倾听,读懂对方诉求

因为那样会招致对方厌烦,甚至破坏整个谈话气氛。

听话也有诀窍。当某人讲话时,有的人看表、修指甲、打呵欠、打电话……这些小动作会给人一种轻视谈话者的感觉,让对方觉得你对他不满意,不愿再听下去,这样肯定会妨碍正常有效的交流。当然,所谓注意听也不是死盯着讲话者,而是适当地注视和有所表示。

提出问题。凭着你所提出的问题,让对方知道,你是仔细地在听他说话。而且通过提问,可使谈话更深入地进行下去。如:"要如何才能改变这一现状呢?""如果不这样,还有其他好的办法吗?"

要巧妙地表达你的意见,不要表示出或坚持明显与对方不合的意见,因为对方希望的是听的人"听"他说话,或希望听的人能设身处地地为他着想,而不是给他提意见。你可配合对方的思路,提出你自己的意见,比如对方说完话时,你可以重复他说话的某个部分,或某个观点,这不仅证明你在注意他所讲的话,而且可以以下列的答话陈述你的意见。如:"正如你指出的意见一样。""我完全赞成你的看法。"

在忠于对方所讲的话题的基础上,引导好的话题走向。无论你多么想把话题转到别的事情上去,达到你和他对话的预期目的，也要等待对方讲完以后，再岔开他的话题。对方也许说些与主题无关的话题，甚至连陈年往事也牵扯上了。这样的谈话枝叶太多，渐渐地就会脱离主题。因此听者此时需要予以引导，使谈话重上轨道。这是听者的重要责任，也是听话技巧之一。记住，是引导而不是指导。

要听懂对方的意图，而不仅仅是话语。管理学大师彼得·德鲁克曾经说过："沟通就是倾听对方没有说出来的话。"因此，请细心体会说话人"话里话外"的意思，并且在抓住事实的同时感受他的情绪。

当一个话题告一段落，你要适时引入新的话题。人们喜欢从头到尾安静地听他说话，而且更喜欢被引出新的话题，以便能借机展示自己的价值。你可以试着在别人说话时，适时地加一句："你能不能再谈谈对某个问题的意见呢？"

07
第七章

利他即是利己，给予就是收获

己所不欲，勿施于人

利人利己最易成功

将心比心才能聚拢人心

时常自省自己做得怎么样

利他即是利己，给予就是收获。这也是一种换位思维。特别是在当下互联网时代，"利他"思维更为重要。你在无私付出和真诚给予时，大部分人就会关注你、欣赏你、支持你，从而让你赢得更多的机会。线上如此，线下亦然，再说，我们现在的线上、线下生活已经交织在一起，深度融合。

第七章 利他即是利己，给予就是收获

己所不欲，勿施于人

有一天，孔子的学生子贡问老师："有没有一个字可以作为终生奉行不渝的法则呢？"孔子回答："其恕乎！己所不欲，勿施于人。"这里的"恕"，是凡事替别人着想的意思。其意是，自己不喜欢做的事，不要加在别人身上。这句话可视为换位思维的底层逻辑。

相传在战国时，梁国与楚国交界，两国在边境上各设界亭，亭卒们也都在各自的地界里种了西瓜。梁亭的亭卒勤劳，瓜秧长势极好，而楚亭的亭卒懒惰，瓜秧又瘦又弱，与对面瓜田的长势简直不能相比。

楚亭的人觉得失了面子，有一天夜里偷跑过去把梁亭的瓜秧全给扯断了。梁亭的人第二天发现后，气愤难平，报告给边县的县令宋就，说我们也过去把他们的瓜秧扯断好了！宋就说："他们

换位思维

这样做当然是很卑鄙的。可是，我们明明不愿意他们扯断我们的瓜秧，为什么要再反过去扯断人家的瓜秧？别人不对，我们再跟着学，那就太狭隘了。你们听我的话，从今天起，每天晚上去给他们的瓜秧浇水，让他们的瓜秧长得好，而且，你们一定不可以让他们知道！"

梁亭的人听了宋就的话后满腹狐疑，但基于这是县令大人的吩咐，也就照办了。楚亭的人发现自己的瓜秧长势一天好似一天，而且是梁亭的人在黑夜里悄悄为他们浇的，便将此事报告楚国边县的县令。楚国县令听后感到十分惭愧又十分敬佩，把这件事报告了楚王。楚王听说后，也感于梁国人修睦边邻的诚心，特备重礼送梁王，既以示自责，亦以示酬谢，结果这一对敌国成了友好的邻邦。

从这个故事可以看出，"恕"的核心是以己度人，推己及人。我希望对方跟我改善关系，我先拿出友好的姿态。对方在接收到友好之后，自然会回报友好。这样，两方都会赢。如果对方依然不改，那么他们也需要考虑"双输"的后果。楚国那边知道自己"损人不利己"的行为是不可持续的，如果不顺坡下驴营造双赢，那么迟早会是双输。这么一权衡，还是会选择双赢。

第七章　利他即是利己，给予就是收获

当你遵循"己所不欲，勿施于人"，反求诸己，推己及人，很多复杂难解的关系就变得简单清晰了。自私自利之人，往往不懂这个道理，为了蝇头小利无所顾忌地损害他人的利益。以这种方式做人，无论走到哪里都会被人嫌弃，真正是既损人又损己。

> 换位思维

利人利己最易成功

"利",人人都想要,都想争。但"利"并不是一个苹果,你吃了,我就没了。"利"也可以是苹果树,我们一起松土、浇水、除虫,将原本年产100斤的果树培育到年产300斤,再按照付出的比例来分享,这样大家都有了更多的苹果。

反之,若是都想得利,不想付出,最后,苹果树的产量会很低。甚至可能干涸而死,或在争斗中被砍伐,谁也得不到一个苹果。

亨利·保尔森是美国老布什政府的财务部部长,他的成长道路具有传奇色彩。这个人一开始创业的时候只不过是一个小小的送货员,他小时候家庭很富裕,但是他所在的国家经历了战乱之后所有的货币都更新了,因此家里原来的财富就都成了没用的数字。

第七章　利他即是利己，给予就是收获

家道中落后，他的父亲带他逃难到了美国。父亲对儿子说："只要有人教你英语并能给你提供吃住，你就去跟着人家干。"他遵循父亲的话，学会了英语。在他成年并准备进入社会时，父亲又对他说了一句话："以后办事一定要利人利己。"

简简单单的两句话，为他今后人生事业的发展奠定了坚实的基础。他在后来的日子里，虽然身为小小的送货员，但每一件事情都为他人着想。他总是不忘帮助别人，助人为乐，因此积累了良好的信誉与公众形象。后来他一路上升，最终被老布什选为美国财务部部长。

同样靠利人利己取得成功的还有一个例子，是讲一个新加坡女强人企业家的。这位女企业家在事业起初的时候很不起眼，但是她做的事情非常有趣，她把生活当中小事情都当作服务别人的大事来做，比如哪家的孩子生病了，她就为那家人联系私人医生；哪家的汽车轮胎坏了，她就会去为他们寻找修车胎的人员。就这样日复一日，她将附近所有的服务业都摸得很清楚，同时在服务别人的期间她也积攒了良好的公众信誉，基本上大家生活中遇到什么麻烦的小事都会去找她。后来，她开办了一家公司，而这家公司最后竟然成了新加坡最著名的世界500强企业。

> **换位思维**

成功竟然这么简单，不去害人，也不去苦自己，只要做一些对自己有利对他人有利的事情就可以了。而其中所体现的乐于助人、利人利己的底层逻辑，正是换位思考。可以说，换位思考不只体现了人类宽广的胸怀，更体现了人性乐观向上的一面。

第七章　利他即是利己，给予就是收获

将心比心才能聚拢人心

将心比心，字面上的意思是用自己的心去比照别人的心。具体来说，就是站在他人的立场上考虑问题，设身处地地理解和感受他人的处境和情感。这种换位思考能够帮助我们更好地理解他人的想法和感受，从而减少误解和冲突。

据《宋稗类钞》记载，常州人苏掖，官至州县监察官，腰缠万贯的他为人十分吝啬。每次在置办田产或房产的时候，他总是不肯爽快地付足卖方应得的钱。有时候，为了少付一分钱，他时常斤斤计较，与卖方争得面红耳赤。

不仅如此，他还喜欢趁别人困窘之时，压低对方急于出售的房产、地产以及其他物品的价格，以此从中牟取暴利。有一次，他看上了一户破产人家的豪华别墅，于是故技重施，乘人之危，竭力压低房价，砍价过于凶狠让卖方都连连叹气。

> 换位思维

正当他与卖方争论不休时，旁边的儿子实在是看不下去了，忍不住插话对他说道："父亲大人，您还是在价钱上多给人家一点儿吧！说不定将来哪一天，我们儿孙辈也会出于无奈而卖掉这座漂亮的别墅，到时候，我们也会希望别人能出一个好价钱。"苏掖听儿子这么一说，犹如醍醐灌顶，又是惊讶又是后悔，他决定今后做事多多将心比心，再也不像之前那样只考虑自己当下的利益。

这个故事里，苏掖通过将心比心的换位思考，理解和体谅了他人的处境和内心，从而改变了自己的处事作风。通过将心比心，我们可以更好地理解他人的情感和需求，增强同理心。这有助于建立更深厚的人际关系。此外，很多冲突和误解源于对他人感受和动机的忽视。将心比心可以帮助我们更全面地看待问题，从而找到更和平的解决方案。

在将心比心式沟通中，要注意如下几点。

1. 倾听与反馈

真正地倾听对方的声音，不打断、不评价，给予对方充分的表达机会。在倾听时，给予积极反馈，让对方感受到被理解和重视。

2. 表达与共情

清晰而真诚地表达自己的感受和想法，避免使用指责性语言。试着去感受对方的情绪，从对方的角度思考问题，表达对对方感受的理解和认同。

3. 寻找共同点

在沟通过程中寻找彼此的共同点，建立共识，为解决问题打下基础。在找到共同点的基础上，进行妥协和合作，共同寻求解决方案。

> 换位思维

时常自省自己做得怎么样

自省也叫反省，其目的在于：将习惯审视他人的目光转向自己，建立一种监督自我的畅通的内在反馈机制。通过这种机制，我们可以及时知晓自己的不足，及时匡正不当的人生态度。良好的自省机制是自我心灵中的一种自动清洁系统或自动纠偏系统。

"以铜为镜，可以正衣冠；以人为镜，可以明得失；以古为镜，可以知兴替。"人生有了自省吾身，犹如有朗镜悬空，能时刻从自省的镜子中看清自己、检讨自己，进而修正自己。

曾国藩（1811—1872）是中国近代一个响当当的人物，是"清代三杰"之一，洋务运动的先驱人物，还曾创办湘军，长期与太平军作战。他历任内阁学士、礼部侍郎、兵部、吏部侍郎，后任两江总督等职。曾国藩一生历尽坎坷，几度生死。他用笔记录自己的人生智慧和经验，留下了《曾国藩家书》。学者南怀瑾说："曾国藩一生共有十三套学问，但流传后世的只有一套，

第七章 利他即是利己，给予就是收获

即《曾国藩家书》。"《曾国藩家书》多为对晚辈的教诲，也常常自省。

从青年时代起，曾国藩就按照京师唐鉴、倭仁帮他制定的"日课十二条"，每日自修、自省、自律。即使后来成为高官显贵之后，也从不停止这些艰苦的功课。他曾经在日记中写道："一切事都必须检查，一天不检查，日后补救就困难了，何况是修德做大事业这样的事！"他所写的日记，直到临死之前一日才停止。曾国藩正是在逐日检点，事事检点的自律自省中，一步一步地走向事业的成功，走向人生的辉煌。

道光年间，在京城做官的曾国藩书生意气，加之年轻气盛，内藏傲骨，外露傲气，易冲动，"好与诸有大名大位者为仇"。咸丰初年，他在长沙办团练，也动辄指摘别人，尤其是与绿营的明争暗斗，与湖南官场的凿枘不和，以及在南昌与陈启迈、恽光宸的争强斗胜，这一切都是采取法家强权的方式。虽在表面上获胜，实则埋下了更大的隐患。又如参清德，参陈启迈，或越俎代庖，或感情用事，办理之时，固然干脆痛快，却没想到锋芒毕露、刚烈太甚，伤害了这些官僚的上下左右，无形之中给自己设置了许多障碍，埋下了许多意想不到的隐患。

1859年，曾国藩的父亲曾麟书去世，曾国藩脱下战袍从江西

战场回家守丧。这引来了朝廷上下一片指责声,有些人甚至还希望朝廷处分他。但出乎意料的是,朝廷不仅准假三月,还给了他一笔银子,令他假满即赴前线。曾国藩并不领情,上表要求在家守制,朝廷不准。三个月后,曾国藩再次上奏,在这篇奏折里,他倒尽了苦水,然后提出复出的困难,如他所保举湘军将士的官名都是虚的;自己位虽高却没有实权;军饷受掣于地方;作战也得不到地方的支持等。实际上就是希望朝廷理解他的苦处,授以督抚军权实职,一切问题便迎刃而解。谁知朝廷根本不予理会。当时是满人的天下,要授汉人以实职是值得皇帝犹豫的,于是皇帝干脆同意他在家终制。曾国藩原本是想借守制为筹码,获得更大的权力以利于自己施展拳脚,却没料到被朝廷顺水推舟。无可奈何的曾国藩在家一待就是一年多。眼看着自己亲手创建的湘军不能由自己指挥立功,不免"胸多抑郁,怨天尤人"。

　　在湘中荷叶塘守制的一年多时间里,曾国藩对自己的为人处世做了深刻自省。他开始认识到自己办事常不顺手的原因,并进一步悟出了一些在官场中的为人之道:"长傲、多言二弊,历观前世卿大夫兴衰及近日官场所以致祸之由,未尝不视此二者为枢机。""历观名公巨卿,多以长傲、多言二端而败家丧生。天下古今之才人,皆以一傲字致败;天下古今之庸人,皆以一惰字致

第七章 利他即是利己，给予就是收获

败。"他总结了这些经验和教训之后，便苦心钻研老庄道家之经典，潜心攻读《道德经》和《南华经》，经过默默地咀嚼，细细地品味，终于悟出了老庄和孔孟并非截然对立的，两者结合既能做出掀天揭地的大事业，又可泰然处之，保持宁静谦退之心境。

一年多后，浙江局面一变，御史李鹤年、湖南巡抚骆秉章等人上奏朝廷，要求朝廷速命曾国藩复出以解浙江之急时，在郁闷与自省中度日如年的曾国藩不再讨价还价，立即披挂出征了。再次出山的曾国藩，身上多了些从容与迁就，少了些冲动与固执。这些改变对他日后的功名成就无疑是影响巨大的。而这一切，均拜他的自省所赐。这一年，是曾国藩为人处世的重大调整和转折的时刻。这段时光是他反反复复痛苦地回忆，增加检讨的过去。也正是由于他这段痛苦的自我自省才有了曾国藩晚年的成熟老练。等到再次出山的时候，才渐渐地收敛自己的锋芒，而日益变得圆融通达。

同治元年，曾国藩升任两江总督。三千里长江水面，迎风招展的全是"曾"字帅旗。作为亲率三四十万人马的湘军最高统帅，他丝毫没有飞扬跋扈、扬扬自得之态，反而处处小心，慎之又慎。请看他给弟弟的家书，便可知道他的当时心态。他谆谆告诫道——

> 换位思维

我们家目前正处在鼎盛时期,我本人身居将相之位,沅弟(曾国荃)所统领的人马有五万,季弟(曾国葆)所统领的人马有六千,近世像这种情况的曾有几家?沅弟近半年以来,七次拜受君恩,近世像弟弟这样的人有几个?太阳上升到最高点以后就会向西偏,我们家现在也是最高最满的时候了。管子说,斗斛太满则人概之,人太满则天概之。我认为天之概无形,乃假手于人以概之。霍光家族太盈满,魏相来平灭他,汉宣帝也来平灭他;诸葛恪大盈满,孙峻来平灭他,吴国君主也来平灭他。等到别人已经来平灭,而后才悔悟,就已经太迟了。我们家正处在丰盈的时期,不必等待天来平,人来概,我与诸位弟弟应当先设法自己来概。自概的方法是什么呢?我想也不外乎"清(廉)、谨(慎)、勤(劳)"三字罢了。沅弟过去在金钱的取舍方面不太斟酌,朋友们的讥议指责,其根源实际上都在这里。去年冬天买犁头嘴、栗子山,我也很不以为然。今后应该不乱拿一分钱,不寄钱回家,不多馈赠亲友,这乃是"廉"字功夫。内在的谦虚是看不见的,而其外在的表现主要有:脸色、言语、信函、仆从属员,以后该在这四个方面下大力气,痛加纠治,这是"谦"字功夫。每天临睡之前,默默地计算本日劳心的事情有几件,劳力的事情有几件,就会觉得为国家所做的事情还不多,应当更加竭诚

第七章 利他即是利己，给予就是收获

地为国效劳，这就是"劳"字功夫。

从曾国藩的家书中，我们可以清楚地体会到他在深刻地反思与检讨自己的作风。而一个时刻自省的人，行事自然稳重，不会动辄乖张动气、情绪失控。所以，在夜深人静的时候，我们要思考，要自省，要忏悔，要道歉，不能靠着本能和欲望去支配我们的生活。

《格言联璧》中有云：静坐常思己过。意思是沉静下来要经常自省自己的过失，进而以是克非、为善去恶。不肯三省吾身之人行为乖张，处处伤人，最终伤己。项羽气走亚父，不知自省吾身；赶走韩信，仍不知自省吾身。最终被困垓下，拔剑自刎于乌江河畔。"大风起兮云飞扬"的豪情壮志，终于取代了"虞兮虞兮奈若何"的沉重叹息。霸王之败，后人哀之，倘若后人尚不知自省吾身，必使后人复哀后人矣。

孟子所说的"吾日三省吾身"，凡人或许不易做得到，但时时提醒自己，检视一下自己的言行却不是太难的事。一个人有了不当的意念，或做了见不得人的事，可能瞒过任何人，但绝对骗不了自己。具体到我们日常的自省，其自省方式灵活多样、不拘一格，可以通过日记，也可以通过静坐冥想。而自省的内容，基

> 换位思维

本上有如下这么几点：

——近来哪些事情做错了？

——近来哪些事情还可以做得更好？

——近来学会了什么？

——近来有什么值得我感谢的？

经常检视、自省以上这些问题，你就能今天比昨天进步。一个又一个的进步，是你人生走向卓越的基础。

08

第八章

逢人减寿，遇货添钱

参透人性深处的渴望

多说YES，少说NO

赞美他人要得体

言谈之中莫得罪他人

逢人减寿，说的是见到他人要将年龄往下减。明明看上去50岁了，问他："快40了吗?"遇货添钱，说的是看到人家新买了东西，你感觉是500元的货，要往上添一些钱，"没有1000元买不到吧"。这样做的好处，既能让对方开心，还能提高容错率。万一将人家年龄说大了、把人家心爱之物说贱了，容易惹人生闷气。

第八章　逢人减寿，遇货添钱

参透人性深处的渴望

威廉·詹姆斯说："人性中最深切的本质，是被人赏识的渴望。"林肯也说："每一个人都喜欢人家的赞美。"在美国芝加哥发生过这样一个案例：有一位丈夫掐死了他的妻子，原因是他对妻子畅谈白天所发生的得意事时，发现妻子竟然睡着了。他感到异常恼怒，竟然失手就将妻子给掐死了。尽管这个案例非常极端，但也说明人对被尊重被赏识的渴望是何等强烈。

古时有一个说客，当众夸口说："小人虽不才，但极能奉承。平生有一愿，要将1000顶高帽子戴给我最先遇到的1000个人。现在已送出了999顶，只剩下最后一顶了。"一个长者听后摇头说道："我偏不信，你那最后一顶用什么方法也戴不到我的头上。"

说客一听，忙拱手道："先生说得极是，不才从南到北，闯了大半辈子，但像先生这样秉性刚直、不喜奉承的人，委实没有！"

> 换位思维

长者顿时手捋胡须，扬扬自得地说："你真算得上是了解我的人啊。"听了这话，那位说客立即哈哈大笑："恭喜恭喜，我这最后一顶帽子刚刚送给先生您了。"

这虽然只是一则虚构的笑话，但谁又能否定我们身边没有类似的长者呢？

所以，我们在每天所到之处，不妨多说几句肯定别人的话、赞美别人的话，播下一些友善的种子。看到朋友买了一件新衣，不要忽视，称赞一下穿上去很合身、很精神、很漂亮或者很酷。也可以打听一下价钱，"遇货添钱"的传统赞美手法，永远都不会过时。

不要说别人身上没有值得赞美的地方。世上没有完美的好人，同样也没有万恶的坏人。只要你愿意，总是能够在别人身上找到某些值得称道的东西，也总是可能发现某些需要指责的东西，这取决于你寻找的是什么。一位心理学家曾成功地改变一位被认为不可救药的儿童，他的方法就是善于发现他值得赞美之处。

心理学家开始从孩子身上寻找某些他能给予赞美的东西。结果他发现这孩子喜欢雕刻，并且工艺很巧妙，但在家里他曾因在

第八章 逢人减寿，遇货添钱

家具上雕刻而受到惩罚。心理学家便为他买来雕刻工具，还告诉他如何使用这些工具，同时赞美他："你知道，你雕刻的东西比我所认识的任何一个儿童雕刻得都好。"不久，他又发现了这个孩子几件值得赞美的事情。一天，这个孩子使每一个人都大吃一惊：没有什么人要求他，他把自己的房子清扫得焕然一新。当心理学家问他为什么这样做时，他说："我想你会喜欢。"

任何事物都有两面性，明白了这个道理，你就能从别人身上所谓的缺点中找到值得赞美的闪光点。

对热衷斗嘴的人，可以说："你说话很有逻辑。"

碰到喜欢啰唆的人，可以说："你很细心！"

面对敏感的人，可以说："你有艺术气质。"

对于顽固的人，你可以说："你很好，是一个有信念的人。"

> 换位思维

多说YES，少说NO

有些人很不讨人喜欢，不管走到哪里都令人讨厌，这些人通常在和别人沟通时，总是不断地否定对方所说的话。我们来看看以下的例子。

"你有汽车吗？什么颜色？白色，那太没个性了，满街到处都看得到白色的车子，你应该选个比较个性的颜色。什么？自动挡？那没有驾驶的乐趣！"

换位思考一下，如果有人跟你这么说话，你心里舒服不？肯定不舒服。

如果换成另一种说法："白色的感觉明亮，很不错！自动挡汽车开起来很轻松，尤其是在拥堵的城市里。"这样称赞一下人家，可以说是小事一桩，对方高兴，自己也达到了保有良好人际关系的目的，何乐而不为呢？

肯定对方，是建立良好人际关系的基本方法。如果对方的意见和你的想法不同,也绝不要直接否定人家。如果对方说:"人生还是金钱最重要。"就算你不同意,也可以婉转地回答:"我也这么想。不过,应该也有一些例外吧……"先接受对方,听完对方的说明,再表明自己的主张,态度可以坚决,但语气要尽量委婉。

人一旦被对方认同,就会在潜意识里觉得自己很重要,自然也就会对对方产生好感,也就愿意接受对方的意见。

有一点要注意,绝不能一味地肯定对方。如果有朋友在你面前抱怨他的女友实在不怎么样。你若傻傻地回答说:"是呀,身材也不好!"虽然是附和了对方的意见,但对方心里其实可能是希望你称赞他的女友,结果却得到反面的回应,这样不只场面尴尬,想想两人的谈话还谈得下去吗?和人交谈千万不要只听表面上的话,要用心察觉对方的心思。

"那个人很阴沉,实在惹人厌烦""他是个眼高手低的人,不适合当朋友""她很自私,我不喜欢她",这些评语都只是对那个人的部分评价,而这样断章取义的判断只会破坏彼此关系。

其实,不管是什么人,必定有好的一面。如果能够相信这一点,对方必定也会给予YES的信赖回应。

> 换位思维

赞美他人要得体

谁不喜欢人家赞美自己呢?

那么换位思考一下,别人也喜欢你赞美他。不过,只有赞美适度了才是"好话"。倘若不顾对象、时机和分寸,在交际中千方百计、搜肠刮肚,找出一大堆的赞词,甚至阿谀奉承,那么你得到的回报往往会事与愿违。

诚然,每个人都渴望得到别人的赞美。但是,人们渴望的是真情以待,更希望与真诚的人交往。赞美时要搭配换位思维,才能有出色的表现。这就需要你注意以下几点。

1. 注意交际的对象

交往中,要注意交际对象的年龄、文化、职业、性格、爱好、特征等。赞美对方时要因人而异、把握分寸。如果是新认识的人,则更要小心谨慎。比如,你对一个为自己身材过于肥胖而愁眉不展的姑娘说："你的身材真的很好！"对方一定会认为你是在取笑她而大为不快。但如果是一个身材姣好的姑娘，你说出这句话，就可以使对方对你的好感和信任增加。现实生活中，还有不少有识之士喜爱结交"道义相砥、过失相规"的"畏友"，这些人喜欢"直言不讳"。你越是能够一针见血地指出他的不足，他就越喜欢你，相反，你若赞美他，他就会讨厌你。同这类人交往，使用赞美就一定要慎之又慎了。

2. 注意把握时机

说话的时机往往很重要，恰到好处的善言会达到意想不到的效果。尤其是赞美，应当切合当时的气氛、条件。你一旦发现了对方有值得赞美的地方，就一定要及时大胆地赞美，别错过了时机。不失时机的赞美，无异于南辕北辙，结果往往事与愿违，甚至还会产生一定的副作用。另外，还应该注意一点：当朋友发现自己有某种不足而正准备改正时，你却对朋友的这种不足大加赞赏，这绝不会令你的朋友满意的。

"朋友有劝善规过之谊"的古训，在现代交际中也仍然适用。

3. 注意赞美的尺度

赞美的尺度往往直接影响赞美的效果。恰如其分、不留痕迹、适可而止的赞美能够让一个人在交际场上更成功。倘若使用华丽的辞藻过度赞美，只会让对方感到不舒服、不自在，有时候甚至感到难堪、肉麻、厌恶。

如果你对一位字写得比较好的人说："你写的字是全世界最漂亮的！"结果极有可能使双方难堪。但如果你这样说："你的字写得好漂亮！"朋友一定会很高兴，说不定他还要向你描述一番他练字的经过和经验呢！

当然，赞美的程度不够也无法达到预期的目的。

另外，赞美还需要真诚，要做到不留痕迹。真诚的态度是交际者成功的要素。交际中赞美一定要表现得真诚，要让人感到你是发自肺腑的，是情意真切的。要知道无美可赞而勉为其难，还不如避而不谈为好。

第八章　逢人减寿，遇货添钱

言谈之中莫得罪他人

在这个社会里，有些人清高也许是难以改变的，但是各人有各人的习惯，对于那些你看不上眼的人，也没有必要更没有理由去侮辱人家，倘若是以此来表明自己的"高尚品质"，从理论上讲，就叫蛮不讲理；从现实来看，则纯粹是惹火烧身。

虽然诗仙李白始终怀着满腔报国热忱，才华也被唐玄宗看重，但一直仕途坎坷，更不要说大展身手，有所作为了。这跟他的性格有很大关系。他自恃清高、傲气太盛，总是侮辱皇帝身边的关键人物，遭到暗算而丢官也在情理之中。

在一次宫廷酒宴中，李白曾于酒酣耳热之际，作《清平调》三首，歌颂杨玉环的美貌。诗歌对于李白而言，简直就是小菜一碟。按说这是个绝佳的机会，可是李白眼里只有唐玄宗和杨贵妃这些大人物。他在作这三首诗时要杨国忠亲自为他磨墨，还命深

换位思维

受皇帝宠信的太监高力士为他脱靴。高力士始终认为这是一种耻辱,从此对李白怀恨在心。

李白在诗中把杨玉环描写得花容月貌,简直是仙女下凡。杨玉环十分喜欢,常常独自吟诵。李白在诗中提到了赵飞燕,这对于李白来说,绝无丝毫讽刺之意,他只是就赵飞燕的美丽与得宠的杨玉环相比较。然而比喻之物与被比喻之物不可能是全部特征的相合。这使怀恨在心的高力士抓住了报复的契机。

一天,高力士又听到杨玉环在吟诵《清平调》,便以开玩笑的口气说:"我本来以为您会因这几首诗对李白恨之入骨,未曾想您居然这么喜欢。"杨贵妃听后非常吃惊,她不解地问:"难道李翰林侮辱了我吗?"高力士说:"您没看到他把您比作赵飞燕了吗?赵飞燕是什么样的女人,怎么可以拿她同娘娘您相提并论。他这分明是把您看得同赵飞燕一样淫贱啊!"

当时的杨玉环已是集三千宠爱于一身,其兄弟姊妹也都位居显要,声势显赫。她唯一担心的便是自己的地位是否稳固,也绝不愿意自己被人看得像赵飞燕那样淫贱,更担心会落到她那样的下场。高力士摸透了杨玉环的心思,轻而易举地便把李白的诗同赵飞燕的下场嫁接起来,一下子使这首赞美诗成了讥嘲的证据,激起了杨玉环的反感与憎恨。后来,唐玄宗曾几次想提拔李白,

第八章　逢人减寿，遇货添钱

但都被杨玉环阻止了。高力士用此手段，报复脱靴之辱。

李白后来虽然被唐玄宗"赐"金放还，全身而退，但毕竟彻底告别了他施展抱负的政治舞台，从此借酒浇愁，赋诗抒怀，落魄游离于江湖。

泄一时之愤同自己的大好前程相比，用前者来换后者无论如何都不值得。诚然，李白的清高值得我们去景仰，但凡人若这样率性而为，其后果轻则前途遇阻，重则惹祸上身。

第九章

想升职,先跟老板换位思考

积极主动与老板沟通

不妨把老板当成老师

人们普遍认为，老板和员工是一对矛盾的统一体。从表面上看，彼此之间存在着对立性——老板希望员工拿更少的钱干更多的活，员工则希望拿更多的钱做更少的活。事实上，从换位思维的层面来看，老板和员工之间并不是对立的，两者之间是一种互惠双赢的合作关系：在我们为老板工作的同时，老板也在为我们工作。

第九章　想升职，先跟老板换位思考

积极主动与老板沟通

俗话说："通则不痛，痛则不通。"你与老板之间一旦"不通"，则难免有"痛"。如何才能"通"？

——沟通！

阿尔伯特是美国金融界的知名人士。他初入金融界时，他的一些同学已在金融界内担任高职，也就是说他们已经成为老板的心腹。他们教给阿尔伯特的一个最重要的秘诀就是"要主动跟老板讲话"。

话之所以如此说，就在于许多员工对老板有生疏感及恐惧感。他们见了老板就噤若寒蝉，一举一动都不自然起来。就是职责上的述职，也可免则免，或拜托同事代为转述，或用书写形式报告，以免受老板当面责难。长此以往，员工与老板的隔膜肯定会愈来愈深。

然而，人与人之间的好感是要通过实际接触和语言沟通才能建立起来的。一个员工，只有主动跟老板进行面对面接触，把自己真实地展现在老板面前，才能让老板认识到自己的工作才能，才会有被赏识的机会。

在许多公司，特别是一些刚刚走上正轨或者有很多分支机构的公司，老板必定要物色一些管理人员前去工作，此时，他选择的肯定是那些有潜在能力，且懂得主动与自己沟通的人，而绝不是那种只知一味勤奋，却怕事不主动的员工。

因为两者比较之下，肯主动与老板沟通的员工，总能借沟通渠道，更快更好地领会老板的意图，把工作做得近乎完美。所以前者总深得老板欢心。

老板们有一个共同的特性，就是事多人忙，加上讲求效率，故而最烦长篇大论，言不及义。因此，你要引起老板注意并很好地与老板进行沟通，应该学会的第一件事就是简洁。简洁最能表现你的才能。莎士比亚把简洁称之为"智慧的灵魂"。用简洁的语言、简洁的行为来与老板形成某种形式的短暂交流，常能达到事半功倍的良好效果。

员工在沟通时若过分地迁就或吹捧老板，就会适得其反，让老板心里产生反感，反而妨碍了员工与老板的正常关系和感情的发展。你若在言谈举止之间，都表现出从容对答的样子，那么老板会认为你有大将风度，是个可选之才。

第九章 想升职，先跟老板换位思考

理解的前提是了解。老板不喜欢只顾陈述自己观点的员工。在相互交流之中，更重要的是了解对方的观点，不急于发表个人意见。以足够的耐心，去聆听对方的观点和想法，是最令老板满意的，因为这样的员工，才是领导人选。

在主动与老板沟通时，千万不要为标榜自己，刻意贬低别人甚至老板。这种褒己贬人的做法，最为老板所不屑。与人沟通，就是把自己先放在一边，突出老板的地位，然后再取得对方的尊重。当你表达不满时，要记住一条原则，那就是所说的话对"事"不对"人"。不要只是指责对方做得如何不好，而要分析做出来的东西有哪些不足，这样沟通过后，老板才会对你投以赏识的目光。

对于日新月异的科技、变化迅猛的潮流，你都应保持应有的了解。广泛的知识面，可以支持自己的论点。你若知识浅陋，对老板的问题就无法做到有问必答，条理清楚。而当老板得不到准确的回答，时间长了，他对员工就会失去信任和依赖。

在了解了老板的沟通倾向后，员工需要调整自己的风格，使自己的沟通风格与老板的沟通倾向最大可能吻合。有时候，这种调整是与员工本人的天性相悖的。但是员工如果能通过自我调整，主动有效地与老板沟通，创造和老板之间默契和谐的工作关系，无疑能使你最大限度地获得老板的认可。

换位思维

不妨把老板当成老师

不要把老板当敌人,也不要把他当上帝,把老板当成老师是一个很好的建议。老板之所以成为老板,一定是有其独特的可取之处。社会是一所大学,老板是我们最不应该忽略的"大学"老师。

你的老板是怎样成为老板的?他一路走来经历了哪些困难,又是如何克服困难的?或许,你可以套用一下他的"成功模式"!

你甚至可以当面向你的老板请教他的成功之道。一般来说,人人都喜欢谈成功而忌讳谈失败,所以他会不吝地告诉你他的成功经验。你需要学习的是:

——他如何踏出第一步以及第二步、第三步?

——他如何积累实力?

——他如何突破困局,超越自己?

——他如何处理内外的人际关系?

——他如何规划一生的事业？

你可以照着做，当然也可以只模仿其中的若干方法，或是根据他的模式来修正你的方向。

此外，不仅要从老板过去的历程中吸收营养，还要善于在日常工作中学习老板为人处世的高招。以老板为老师，一则提高自己的能力与素养，二则融洽上下级之间的关系，何乐而不为？

第十章

搞定客户，要站在他人角度看问题

站在客户的立场去考虑

勾起客户的好奇心

不经意中问出潜在需求

请教式提问，满足客户虚荣心

用"空椅子"策略实现换位思考

要卖你很想要卖的东西,很难。要卖客户很想买的东西,很容易。在同质化产品琳琅满目的今天,如何卖客户想买的东西?只有一条路,那就用换位思维,站在客户的角度去看待问题。

第十章　搞定客户，要站在他人角度看问题

站在客户的立场去考虑

要想钓到鱼，不能以渔夫的思维方式行动，而要以鱼的思维方式来思考，只有弄明白鱼的内心在思考什么，才能让自己的钓饵紧紧抓住鱼的心。

在做业务时时常有这样的现象：同样的产品，同样的价格，客户会选择购买这一家而不是购买那一家。这是为什么？是业务员的服务态度不好吗？不是，他们同样热情、热心。是业务员的形象给客户的感受不同吗？也不是，他们的形象不论从外表还是从内在气质都无可非议。那么，这是为什么呢？

业绩差的业务员在说服别人的时候，只谈论自己的产品，从来不考虑客户，这样的人怎么可能得到客户的认同？

因为当你和客户沟通的时候，客户最关心的都只有他自己，而不是产品。客户永远关心的都是自己购买的产品或者服务能够帮助他解决什么问题，使他得到什么益处。如果不明白这一点，

> 换位思维

与客户见面开口就谈产品，完全不考虑客户的感受，尽管说得天花乱坠，也不能打动他。

让我们来看一下两位销售保暖内衣的业务员是如何介绍自己的商品的。

甲：快来看，快来买啊！我们的产品物美价廉，来晚了就抢不到手了啊！

甲的宣传的确富有鼓动力，很多人纷纷前来看个究竟。当他们明白原来不是什么奇特产品，只是随处可见的保暖内衣时，无论价格怎样优惠，都会像潮水一样退去。只有少量确实需要的客户在挑挑拣拣、讨价还价。

现在再来看乙的宣传：这位老大爷，您是不是在冬天很怕冷，胳膊腿总是感到不灵便呢？您看，这样的保暖内衣不但保暖，而且还用远红外线材料制成，能促进血液循环呢。这是我们厂家特地聘请专家为你们老年人定做的，帮助老年人度过寒冷的冬天。

不用说，人们相对会对乙的介绍感兴趣。因为乙站在客户的立场，让客户感到业务员确实是在关心自己，而不只是关心产品

第十章 搞定客户,要站在他人角度看问题

的销量。

有个老人带着儿子在镇上卖夜壶。老人在南街卖,儿子在北街卖。不多久,儿子的地摊前有了看货的人,那人看了一会儿,说道:"这夜壶大了些。"那儿子马上接过话茬:"大了好呀,装的尿多。"那人听了,觉得很不顺耳,便扭头离去。

走到南街,看到了老人的摊子,自言自语地说:"怎么都大了点。"老人听了,笑了一下,轻声地接了一句:"大是大了些,可您想想,冬天里,夜长啊!"

一句意味深长的话,说得那人会意地点了点头,继而掏钱买货。

父子俩的差异很明显:儿子站在的是产品的立场,父亲站在的是客户的立场。由此看来,站在对方的立场考虑多么重要。因此,做生意一定要学会换位思考。做生意的最高境界就是让客户感觉到你是在想方设法、设身处地地为他们着想。这会引起客户的好感和注意,不仅能赢得他们的信赖,他们还有可能成为你的义务宣传员。因为你明白了他们的心。

> 换位思维

勾起客户的好奇心

人人都有好奇心，好奇心是所有人类行为动机中最有力的一种。在销售中，如果能预先勾起客户的好奇心，然后再寻找机会推销商品，事情就会水到渠成。这种方式比起业务员口干舌燥地介绍产品来说效果更好。

大朱是推销保险的业务员。一般像这类业务员很难进到客户家里面，大多情况是前脚迈进大门，后脚就被客户以各种借口轰出来了。可是，大朱从来没有遇到过这样的待遇。他不但能顺利地走进客户的家门，而且还能像熟人一样受到客户的款待。比如，给他一杯凉开水解渴。

一般，大朱到客户家里会张口跟客户要一杯水喝。他接住水杯喝一口后会把水杯放在桌子的边缘上。客户见状以为他是个粗心的人，便帮着他把杯子向里推一下。

第十章　搞定客户，要站在他人角度看问题

大朱见状就发问："你为什么要把茶杯放里面，放旁边不行吗？"

客户一听这个小儿科的问题，以为他脑子进水，但是不回答又不礼貌，于是便会说："那样不是太危险了吗？万一打翻怎么办？"

此时，大朱就接过话头说："是啊！什么事情都怕万一。你能保护杯子不遭受风险，可是你能保护自己不遇到风险吗？"

这句话立刻激发了客户的好奇心，是啊！人生变化莫测，一个人的力量面对莫测的灾难总是渺小和脆弱的。此时，大朱就趁热打铁说道："我今天来正是给你的人生上保险，让你避免人生的风险的。"这当然是客户最渴望明白的。结果，大朱用这种方式成交了订单。

利用好奇心进行推销之所以那么神奇，就是因为它利用了人们"越是反常的事情越想看个究竟"的心理。

一次，业务员孙起去拜访一位自大傲慢型的总经理。当时，这位怪怪的总经理正背对着门坐在转椅上看文件。总经理转过身，瞟了孙起一眼，又转回原来的位置。

就在彼此眼光接触的那一瞬间，孙起明显地感到了这位傲慢

换位思维

的客户目中无人的表情。忽然，孙起大声地说："总经理，您好，我是孙起，今天打扰您了。"

正当总经理有些厌烦这些业务员的自我介绍时，孙起却出人意料地说了一句："我的一分钟拜访结束，下次再见。"

这么短的时间就结束了，没有推销的下文了，这倒让总经理充满了好奇，他转过身来问了一句："你说什么？"

"我告辞了，再见。"孙起毫不犹豫地说。

这可是这位主观自大的总经理没有想到的。他还没有回味过来，孙起已经走到门口了。他转身说："刚才我跟前台小姐说给我一分钟的时间拜访总经理。现在一分钟到了。谢谢您，再见！"说着，孙起毫不留恋地走出了总经理的办公室。

过了几天，孙起又硬着头皮做了第二次拜访。当他简短地说完几句话又想转身走时，总经理叫住了他："你这个人蛮有趣的。怎么一来就走呢？"

"啊，不好意思，打扰您了。其实我早就想向您请教的，可是看到您如此繁忙，一直不敢打扰您。"

"不要客气，今天我正好有一点儿时间，请坐！"

就这样，孙起采用"一来就走"的妙招把这位不可一世的准客户的好奇心引诱出来了。他倒想看看孙起"葫芦里卖的什么药"。

第十章　搞定客户，要站在他人角度看问题

如果说利用自己的行动可以让客户产生好奇心，那么，利用语言的神奇功能也可以让客户产生好奇心。特别是在和客户的电话沟通中，更要懂得运用这种方式，让客户能不放电话，听完自己的介绍，达到让客户产生购买欲望的目的。

1. 用有趣的话题激起客户的注意

财产保险营销员这样对客户说："一年只花几块钱就可以防止火灾、水灾和失窃，您相信吗？"当对方无以应对，但又表现出很想知道答案的样子时，业务员及时补上一句："我这儿有20多个险种可以帮您达到这种目的，您感兴趣的话我可以帮您介绍一下。"

2. 以问题的严重性吸引客户

为了吸引客户的注意力，有时可用一句强烈问句来开头。有些销售员就有这种先声夺人的本领。

一位保险代理商一接近准客户便问："如果您坐在一艘正在下沉的小船上，您怎样保证自己的生命不会受到伤害呢？"

这个令人好奇的话题，看似语出惊人，但是又在情理之中。爱好旅游的人谁能保证自己有一天不会遇到意外事故呢？于是

在欲得知结果的好奇心驱使下，客户也会不知不觉地听他们谈下去。

接下来，保险代理商阐明了这样一个思想，即人们必须在意外出现之前投保，改变了客户对保险的淡漠和偏见，激发了他们的购买欲望。

3. 从关心对方的角度提出

一位业务员是这样拜访客户的，他开口说道："女士，听说您刚购买了爱车并且入了保，保险额为每年5000元。可是据我们了解，客户每年花在汽车修理、理赔上的费用每年为9300元。万一您的保额不够时如何打算呢？"

提前对客户的情况有一定了解后直接发问，因为正是客户关心的问题，自然会引起他们的注意。

总之，不论使用何种方式只要能引起客户的好奇心，只要能引起他们的关注和兴趣，就有了和客户详细沟通的机会，推销产品也就不难了。接下来，在你满足了对方好奇心的同时，对方也就会自觉地接受你的意见。

第十章　搞定客户，要站在他人角度看问题

不经意中问出潜在需求

人们购买商品是因为有需求，因此就业务员而言，如何掌握住这种需求、使需求明确化，是最重要的也是最困难的一件事。

当你清楚地知道你要什么时，你会主动地采取一些动作。例如你想要租一间套房，你会登录相关网站。如果有适合的出租套房，你会在线或打电话联络，然后去实地了解是否满意。这种需求我们称为"显性需求"，是指客户对自己需要的商品或服务，在心中已了解。你碰到这种客户，实在是运气好，因为只要你的东西适合他，就会马上成交。

相对于显性需求的是"潜在需求"。有些客户对自己的需要不能明确地肯定或具体地说出，往往这种需求表现在不平、不满、焦虑或抱怨上。事实上，大多数初次购买的客户，都无法确切地知道自己真正的需求。因此，你碰到这类客户最重要也是最困难的工作，就是发掘这类客户的需求，使潜在的需要转变成显性需求。

发掘客户潜在需求最有效的方式之一就是询问。你应该在与准客户的对话中，借助有效的信息提出问题。客户经由询问，而能将潜在需求逐一从口中说出。

询问有几种方式：

1. 状况询问

日常生活中，状况询问用到的次数最多。例如"您在哪里上班？""您有哪些嗜好？""您打高尔夫球吗？"，这些为了了解对方目前的状况，所做的询问都称为状况询问。

业务员提出状况询问，当然询问的主题是和你要销售的商品有关。例如"您目前投保了哪些保险？""您办公室的复印机用了几年？"等。

状况询问的目的是经由询问了解准客户的事实状况及可能的心理状况。

2. 问题询问

"问题询问"是你得到客户状况回答内容后，为了探求客户的不满、不平、焦虑及抱怨而提出的问题，也就是探求客户潜在需求的询问。例如：

"您目前住在哪里？"（状况询问）

"市中心商业街附近。"

"是不是自己的房子？"（状况询问）

"是啊！10多年前买的，为了小孩上学方便。"

"现在住得怎么样？是不是有不尽如人意的地方？"（问题询问）

"嗯，现在太喧哗了，马路上到处挤满了人，走都走不动，实在不适合我们这种年龄的人居住。"

以上是问题询问的一个简单例子，经由问题询问，能使我们探求出客户不满意的地方，知道客户有不满之处，你将有机会去发掘客户的潜在需求。

3. 暗示询问

你发觉了客户可能的潜在需求后，可用暗示的询问方式，提出解决客户不平、不满的方法，称为"暗示询问"。

例如：

"地铁马上就要通车了，在中山大学附近，靠近珠江，在有绿地、空气又好的地方居住，您认为怎么样？"（暗示询问法）

> 换位思维

"早就想在这种地方居住了,只是一时下不了决心。"

你如果能熟练地交互使用以上三种询问的方式,客户经过你合理的引导及提醒,其潜在需求将不知不觉中从口中说出。

请教式提问，满足客户虚荣心

请教问题是吸引潜在客户注意的一个很好的方法。当客户表达看法时，你不但能引起客户的注意，同时也了解客户的想法，另外，你也满足了潜在客户被人请教的优越感。

客户才是我们真正的老师。为什么这么说呢？你和客户约会见面，可以学会如何礼貌地介绍自己，有效地安排双方都愿意接受的会面日程；你和客户见面时，可以学会从容、有礼貌地自我介绍。在客户有突发事情无法按时应约时，你可以学会理解，并锻炼自己等待的耐心；当客户和你坦诚交流时，你会学到自己所必须了解的真正的客户需求，即使客户的态度不客气，你也能学会如何换位思考，赢得客户的尊敬；当客户交给你一份合同，你会懂得信任和学会兑现承诺；你在和客户交流时，无论他们是有意还是无意，都会促使你快速、积极地调动和组织你那曾经似是而非的产品知识、专业知识和销售技巧，你会学着检验曾经的所学所悟是否有价值。

因为知识只有被传递到客户那里,并且为他们带来了价值,才能说是有价值的,只要你有足够的诚意,客户也能够教会你应用知识、教会你该如何在他们那里得到认可,甚至教会你如何才能够实现差异化,走在竞争对手的前面。

那么谁最了解客户的需求呢?当然是客户自己。所以你在开始接触客户时,一定要把自己当作学生,虚心请教,才会赢得客户的信任,他们才会把需求明白地告诉你。你也才有机会真正地把你的产品和客户的需求结合在一起,从而找到最合适的、有差异化的解决方案,领先你的竞争对手。

那种抱着"给客户洗脑的想法"的人是不会得到客户信任的。通常客户都不会把最关键的问题告诉那些他们还不信任的销售人员,因为他们不愿意在不信任的销售人员身上浪费时间,也不相信这些销售人员能够真正地帮助他们解决问题。

一旦你的解决方案成功地被客户认可,你就可以在下一个客户那里有更多可交流的东西,可以为新客户提供更大的价值。那么前一个客户在你的成长过程中不是起到了导师的作用了吗?

业务员经常苦于找不到切入点。为什么呢?因为你不能够帮助你的客户进行指导。任何一个客户都有自己独特的决策过程和

第十章 搞定客户，要站在他人角度看问题

方式。决策链上的每一个人都有自己的个性和习惯。作为一个新面孔的你，如何能够尽快了解和掌握这些，并制订出行之有效的行动计划呢？很显然，找一个指导者是关键。注意，指导者不是要帮你说话的人，而是帮助你找到决策链，指导你用正确方法工作从而少走弯路的人。

当然还有很多的例子来说明拜客户为师的重要性。最关键的是我们一定要有这样的态度，内心里真正去这么想，行动上才能真正这么做。

> 换位思维

用"空椅子"策略实现换位思考

亚马逊公司创始人杰夫·贝索斯（Jeff Bezos）认为，只有真正理解和关注客户需求，才能在竞争激烈的市场中脱颖而出。为了让这一理念贯彻到公司的每一个决策中，贝索斯引入了"空椅子"策略。

在每一次重要的公司会议中，贝索斯都会在会议桌旁安排一把空椅子。这张空椅子代表的是亚马逊最重要的客户。这张空椅子时刻提醒着与会人员：客户是公司最重要的存在，公司的每一项决策都必须考虑客户的需求和利益。

具体实践中，亚马逊公司是这样做的。

1. 假设客户在场

每次讨论决策时，贝索斯会让与会人员假设客户就坐在这张空椅子上。他们需要站在客户的立场上思考，考虑客户的感受和需求。通过这种方式，团队成员能够更好地理解客户的视角，从而做出更符合客户利益的决策。

2. 强调客户反馈

贝索斯鼓励员工在会议中引用客户反馈情况和数据，确保讨论内容与客户的实际需求紧密相关。通过分析客户反馈情况，团队能够更准确地把握客户需求，改进产品和服务。

3. 培养客户至上的文化

"空椅子"策略不仅是一种会议方法，更是一种企业文化的体现。通过这一策略，贝索斯培养了一种客户至上的文化氛围，激励员工在日常工作中时刻关注客户需求，努力提升客户体验。

通过"空椅子"策略，亚马逊能够更准确地把握住客户需求，及时改进产品和服务。这种以客户为中心的管理方法显著提升了客户满意度。亚马逊的用户体验得到了广泛的认可，赢得了大量忠实客户。

"空椅子"策略促使亚马逊不断创新和改进。每次产品和服务的调整都基于客户的真实需求和反馈。比如，亚马逊推出的"一键下单"功能和Prime会员服务，都是基于客户需求的创新举

换位思维

措,极大地方便了客户,提升了购物体验。

在激烈的市场竞争中,"空椅子"策略帮助亚马逊保持了竞争优势。通过不断满足和超越客户期望,亚马逊树立了良好的品牌形象和口碑,市场份额不断扩大。

第十一章
家庭和睦，就是互相替对方着想

夫妻关系中的换位思维

亲子关系中的换位思维

代际沟通中的换位思考

在家庭里，每个成员都有自己的角色和责任。父母为孩子的成长操心，子女为父母的期望努力，夫妻之间互相扶持。家庭要和睦，需要运用换位思维，互相替对方着想。这样，才能避免很多误解与冲突，让家庭和美、和睦。

第十一章 家庭和睦，就是互相替对方着想

夫妻关系中的换位思维

为什么有的夫妻会相爱相杀？

多数情况下是缺少换位思维，两人都站在自己立场，没有换位，就没有理解，也没有共情。

大卫·贝克汉姆和维多利亚·贝克汉姆，这对举世瞩目的明星夫妇，在公众面前一直展现出恩爱的形象。然而，他们的婚姻生活并非一帆风顺。

维多利亚在年轻时因"辣妹合唱团"成名，事业蒸蒸日上。而贝克汉姆则是足球界的超级明星，两人的职业生涯都处于巅峰期。随着事业的发展，他们不得不面对各自繁忙的工作和频繁的分离，这给婚姻带来了巨大的挑战。

贝克汉姆经常需要出国比赛，留在家的时间很少。这让维多利亚感到孤独和失落，特别是在他们的孩子出生后，维多利亚需

> 换位思维

要独自承担更多的家庭责任和育儿压力。

在这种情况下,换位思维成了他们维系婚姻的关键。贝克汉姆和维多利亚通过深入沟通,理解了彼此的感受和困难。贝克汉姆意识到,尽管自己的职业生涯很重要,但家庭同样需要他的付出和陪伴。他开始尽量安排时间陪伴家人,在重要的家庭时刻出现,以减轻维多利亚的压力。而维多利亚则理解了贝克汉姆的职业要求和压力,给予他更多的支持和鼓励。

他们通过共同的努力,逐渐找到了平衡点。贝克汉姆在采访中曾说:"维多利亚是我最大的支持者,她理解我的工作,并为我们的家庭做出了巨大牺牲。我很感激她。"而维多利亚也表示:"大卫是一个伟大的父亲和丈夫,他在家庭和事业之间找到了平衡,我们彼此理解和支持,这让我们的婚姻更加稳固。"

夫妻之间的矛盾,往往来源于对彼此感受和需求的忽视。通过换位思维,可以更好地理解对方的立场,找到解决问题的方法。以下是一些具体的建议。

1. 积极沟通

沟通是解决矛盾的基础。在出现问题时,双方应该冷静下来，通过坦诚的对话表达自己的感受和需求，同时耐心倾听对方的想法。

2. 表达理解和支持

在沟通中，表达对对方感受的理解和支持非常重要。比如，可以说："我理解你的感受，你最近工作压力很大，我会尽量多帮你分担家务。"

3. 寻找共同点

在讨论问题时，寻找双方的共同点，而不是争论谁对谁错。通过合作找到解决方案，实现双赢。

4. 设身处地

在做决定时，设身处地地为对方考虑。比如，当你希望对方改变某些行为时，先考虑这种改变会给对方带来什么影响，是否合理。

5. 定期回顾

婚姻生活中，定期回顾和总结是保持关系稳定的重要方法。可以每隔一段时间，夫妻双方坐下来聊聊最近的生活和感受，总结经验，调整相处方式。

> 换位思维

亲子关系中的换位思维

日常生活中,我们常常听到一些家长的抱怨:"现在的孩子可真难管,一点儿都不听话。"我们给他讲了那么多道理,也不知道他们听没听进去。家长与自己的孩子无法实现有效沟通,孩子有什么心里话也不愿意和家长说,更有甚者,一些孩子和家长对着干,让他向东,他偏向西。常常让家长觉得很无奈。孩子也非常委屈:"家长根本就不理解我们。"遇到类似问题,家长该怎么办?不妨运用换位思维。

了解自己的孩子,家长就会站在孩子的角度思考问题,孩子也就能理解家长的付出。通过换位思考,能够营造出和谐、融洽的教育氛围,会使孩子更加信任家长,会使孩子更加健康快乐地成长。

很久以前,有一个农民在田间劳动,感到非常辛苦,尤其是

第十一章　家庭和睦，就是互相替对方着想

在炎热的夏天，感到更是苦不堪言。他每天去田里劳动都要经过一座庙，看到一个和尚经常坐在山门前的一株大树下，悠然地摇着芭蕉扇纳凉，他很羡慕这个和尚的舒服生活。一天，他告诉妻子，想到庙里做和尚。他妻子很聪明，没有强烈反对，只说："出家做和尚是一件大事，去了就不会回来了。平时我做织布等家务事较多，我明天开始和你一起到田间劳动，一方面向你学些没有做过的农活，另一面及早把当前重要农活做完了，可以让你早些到庙里去。"

从此，两人早上同出，晚上同归。为不耽误时间，中午妻子提早回家做了饭菜送到田头，在庙前的树荫下两人同吃。时间过得很快，田里的主要农活也完成了，择了吉日，妻子帮他把贴身穿的衣服洗洗补补，打个小包，亲自送他到庙里，并说明了来意。庙里的和尚听了非常诧异，说："我看到你俩早同出、晚同归，中午饭菜一起到田头来同吃，什么事都有商有量、有说有笑，真是恩恩爱爱。我看到你们生活过得这样幸福，羡慕得我已经下决心还俗了，你反而来做和尚？"丈夫听后，当即打消了当和尚的想法。

这则故事不仅表现农民的妻子聪明贤惠，还有一个换位思考

换位思维

的道理在里面。换位思考,是自我学习的好方法,要站在对方的立场上来全面考虑问题,这样看问题比较客观公正,可防止主观片面。

一位妈妈喜欢带着四岁的女儿去逛服装批发商场。每去一次,小女孩就开始哭哭啼啼,无论妈妈怎么哄都哄不好,弄得妈妈心烦意乱。无意间,妈妈发现女儿的鞋带开了,就蹲下身来为她系鞋带,就这样,妈妈和女儿处在相同的高度了。

妈妈发现,漂亮的时装不见了,到处都是人的大腿。妈妈终于知道女儿哭闹的原因了。

家长要学会站在孩子的角度看问题,理解他们的感受和想法。具体来说,家长可以通过以下几个步骤来实现换位思考。

1. 倾听孩子的声音

放下手机,停止其他活动,全心全意地聆听孩子说话,不打断,不评判,让孩子感受到你的关注和重视。

2. 理解孩子的感受

尝试去体会孩子在某一情境下的感受，比如他们的焦虑、害怕或不安。问问自己，如果我是孩子，我会怎么想？当你按照这样的思路去思考的时候，可能就会恍然大悟。

3. 回顾自己童年的感受

回顾自己的童年，问自己：如果我小时候遇到类似的困惑、苦恼，我会希望自己的家长怎样对待我呢？就是说，把当下孩子遇到的问题放在自己的童年，我们会希望自己的家长如何与我们交流。

4. 回应孩子的需求

在理解孩子的基础上，给予他们需要的支持和帮助。比如，当孩子因为作业多而感到压力时，父母可以帮助他们制定合理的时间表，而不是简单地要求他们"快点完成"。

5. 与孩子共同寻找解决方案

与孩子一起讨论，找出可行的解决办法。这不仅能提高孩子

换位思维

的解决问题能力，还能增强他们的自信心和自主性。

通过以上方法，家长可以更好地理解孩子，改善亲子关系，营造一个和谐、温暖的家庭氛围。换位思考不仅有助于孩子的成长，也让家长在教育过程中收获更多的满足感和成就感。

此外，家长也可以引导孩子"换位"——站在"爸爸妈妈"的角度如何看待与处理这个问题。比如，因为下大雨，妈妈下午接幼儿园大班的悦悦迟到了二十分钟，悦悦为此不依不饶地闹腾。这时候，妈妈可以请悦悦当一回"妈妈"：街道上到处是积水，悦悦你骑着电动车要不要小心？要是摔坏了怎么办？只要孩子配合你稍微换一下位，就会好转很多。她之前之所以不讲理，是因为她脑子里只有"妈妈迟到了"这一件事。当她理解了妈妈迟到的原因，也就理解了妈妈。

第十一章　家庭和睦，就是互相替对方着想

代际沟通中的换位思考

代际沟通是家庭生活中不可避免的一部分。随着社会的发展和变化，他们的观念和价值观差异也越来越明显。如何在代际沟通中运用换位思考，是解决家庭矛盾、促进家庭和谐的重要方法。

老一辈人有着与我们截然不同的生活经历和价值观。作为晚辈，我们需要通过换位思考，理解他们的立场和想法，尊重他们的经验和智慧。

在代际沟通中，尊重与理解长辈是至关重要的。以下是一些具体的建议。

1. 尊重长辈的意见和经验

老一辈人的意见和经验是家庭的重要财富，即使有时看起来过时或保守，也应给予充分的尊重和考虑。

2. 理解长辈的情感需求

老一辈人同样有着丰富的情感需求，需要家庭的关爱和支持。通过定期的关心和陪伴，让他们感受到家庭的温暖和关怀。

3. 建立共同的回忆

通过共同回忆和分享家庭的故事，增强家庭成员之间的亲密关系。共同的回忆和经历是维系家庭关系的重要纽带。

在代际沟通中，换位思考是解决矛盾和促进家庭和谐的重要方法。通过理解和尊重老一辈的观点和需求，运用有效的沟通技巧，可以增强家庭成员之间的理解和信任，减少冲突和误解。希望读者能够在自己的家庭生活中，运用这些方法，促进代际沟通，建立更加和谐的家庭关系。